Dieses Buch gehört Familie

Starke

Wunderwahre Weihnachten

Der Adventskalender hat 24 Türchen, der Adventskranz 4 Kerzen und dieses Weihnachtsbuch 5 Kapitel. Was alle drei Dinge gemeinsam haben? Sie steigern die Freude auf das Fest der Feste. Für dieses Buch ist es jedoch nicht wichtig, in welcher Reihenfolge die Seiten gelesen werden. Hier darf nach Herzenslust geschmökert werden.

„Alle Jahre wieder"

„Fröhliche Weihnacht überall"

Die Nacht vor Heiligabend

Robert Reinick (1805-1852)

Die Nacht vor dem heiligen Abend,

da liegen die Kinder im Traum.

Sie träumen von schönen Sachen

und von dem Weihnachtsbaum.

Und während sie schlafen und träumen,

wird es am Himmel klar

und durch den Himmel fliegen

drei Engel wunderbar.

Sie tragen ein holdes Kindlein,

das ist der Heilige Christ,

es ist so fromm und freundlich

wie keins auf Erden ist.

Und wie es durch den Himmel

still über die Häuser fliegt,

schaut es in jedes Bettchen,

wo nur ein Kindlein liegt.

Und freut sich über alle,

die fromm und freundlich sind,

denn solche liebt von Herzen

Das liebe Himmelskind.

Heut schlafen noch die Kinder

und sehen es nur im Traum,

doch morgen tanzen und springen

sie um den Weihnachtsbaum.

„Alle Jahre wieder“

24 Geschichten von der wahren Weihnacht

„Es begab sich aber zu der Zeit...“ mit diesen
Worten beginnt die Weihnachtsgeschichte, die Erzählung
von der Geburt Jesu Christi. Es ist eine Geschichte
über Familie, Wunder, Selbstlosigkeit. Sie ist der Grund,
warum Weihnachten gefeiert wird. Und doch gibt es jedes
Jahr neue, ganz persönliche Weihnachtsgeschichten,
die dem Fest in jeder Familie eine eigene Bedeutung
verleihen, so wie diese hier...

Der verzauberte Weihnachtsstollen

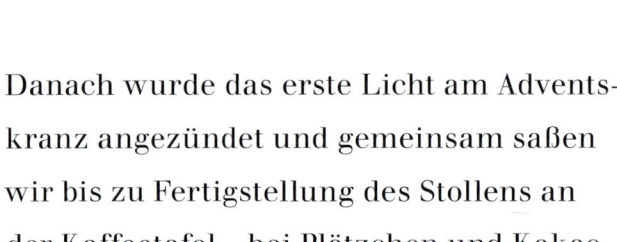

von Nora Marquardt

Solange ich denken kann wird in unserer Familie am ersten Advent der Weihnachtsstollen gebacken und am Heiligabend traditionell um 21.30 Uhr angeschnitten. Das Zepter bei der Stollenbäckerei hielt stets unser Vater in den Händen. Das ließ er sich nicht nehmen.

Erwartungsvoll saßen wir Kinder dann am Küchentisch und fieberten unserem Backtag entgegen. Es war der Moment, wo jedes Kind eine der vielen Zutaten in die große Backschüssel geben durfte. Das fanden wir unheimlich aufregend. Denn unsere Eltern gaben uns das Gefühl, dass nur durch unser Zutun der Weihnachtsstollen gelang.

Gemeinsam wirbelten wir also an einem jener ersten Adventstage mit unserem Vater um die Backschüssel herum. Mit vollem Eifer wurde gerührt und geknetet. Nachdem alle Zutaten vermischt waren, verschwand unser Stollen für eine gute Stunde in der heißen Backröhre.

Danach wurde das erste Licht am Adventskranz angezündet und gemeinsam saßen wir bis zu Fertigstellung des Stollens an der Kaffeetafel – bei Plätzchen und Kakao. Wartend lauschten wir den spannenden Erzählungen unserer Eltern.

Plötzlich wurde die weihnachtliche Atmosphäre gestört – durch ein leises Quietschen, das sich immer wieder in unregelmäßigen Abständen wiederholte. Es war unheimlich gruselig, selbst unserer Mutter war es nicht geheuer. Meine drei Brüder und ich hingen ihr regelrecht auf dem Schoß, und bei jedem erneuten Quietschen zuckten wir zusammen.

Unser Vater schlich wie ein Kriminalist durch die Küche und schaute in alle Ecken. Ängstlich verfolgten wir jeden Schritt. Niemand konnte das Geräusch orten, da es immer nur einige Sekunden anhielt. Bange, endlose Minuten verstrichen, aber dann trauten wir unseren Augen nicht.

Wie von Geisterhand berührt, öffnete
sich in einer Art Zeitlupe die Tür des
Backofens und unser Weihnachtsstollen
quoll und quoll uns entgegen…

Wir hatten wohl etwas zu viel des Guten
in die Röhre geschoben. Die in den
vergangenen Minuten aufgestaute Angst
entlud sich mit lautstarkem Gelächter.
Daraufhin bewaffnete sich unser Vater
mit einem Messer und schnitt beherzt den
überschüssigen Teig, der aus der Backröhre
schaute, kurzerhand einfach ab.
Nun aber ließen wir die Backofentür erst
recht nicht mehr aus den Augen. Kichernd
wanderten unsere Blicke hin und her.
Es dauerte auch gar nicht lange, da schaute
unser Stollen ein zweites Mal aus der Röhre. Unter hellem Gelächter wurde erneut
ein Stück vom Stollenteig abgeschnitten.

Schließlich besann sich unser Stollen und
ließ sich von allen Seiten goldgelb backen –
und das gleich in dreifacher Ausführung.

Ein Spaziergang
mit freudigem Wiedersehen

von Erika Rademacher

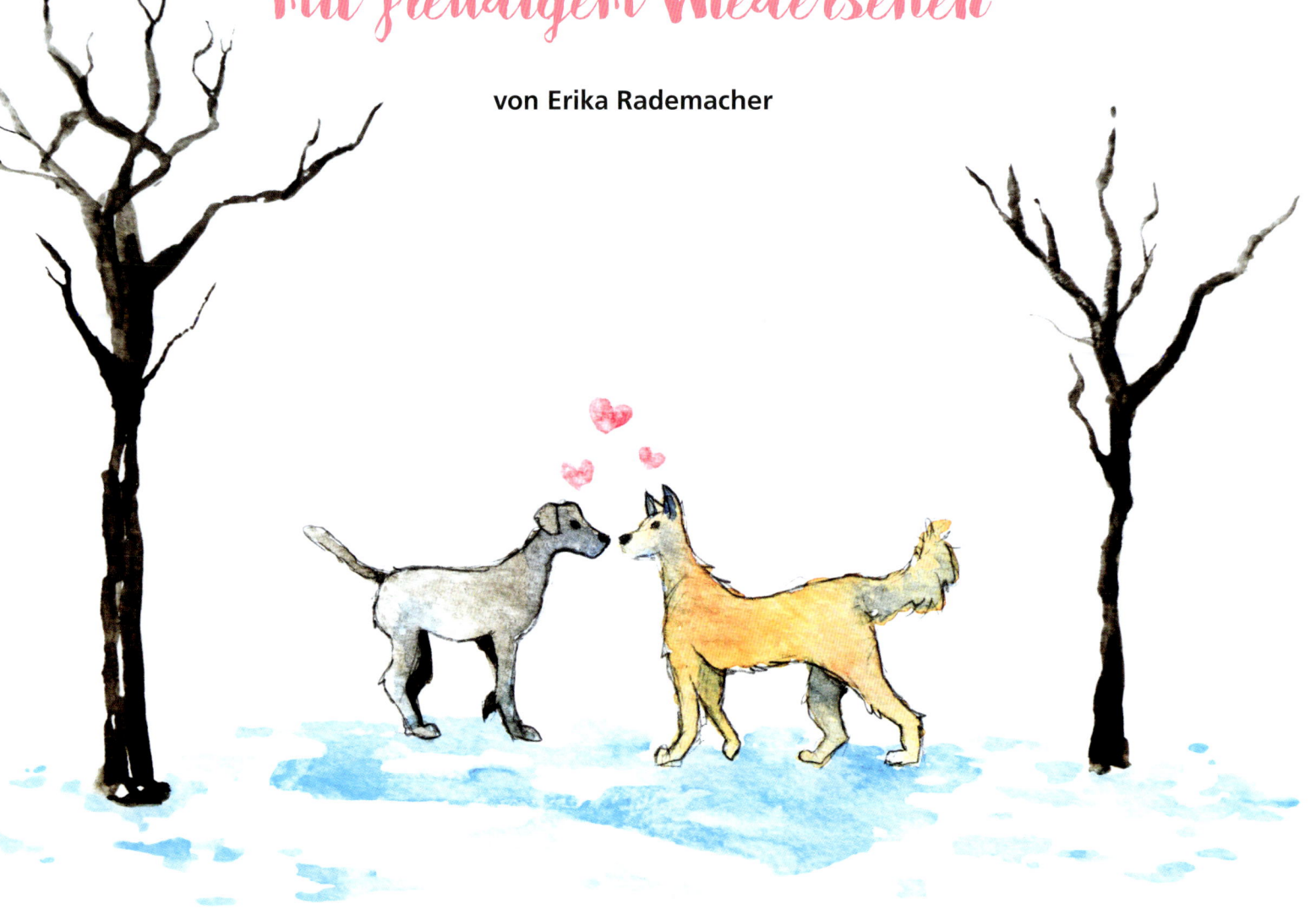

Es war ein besonderes Geschenk, das wir uns vor einigen Jahren im Weihnachtsurlaub selbst gemacht haben: Robby. Als wir ihn seinerzeit aus dem Tierheim in Malchow holten, hieß er noch Lutz – ein zwei Jahre alter Terrier-Mischling, quirlig und liebenswert. Nach dem Urlaub fuhren wir mit unserem neuen Familienmitglied nach Hause.

Robby lernte die Stadt Bremen, viele neue Menschen und auch Hunde kennen. In unserer Wohnung fühlte er sich sofort heimisch. Das Körbchen von unserem alten Hund Bobby, der mit 16 Jahren leider gestorben war, wurde sein Bett. Den Urlaub des darauffolgenden Sommers verbrachte Robby mit uns in Österreich. Bald stellte sich heraus, dass er Wanderungen in

den Bergen liebt und gern in Bächen oder Seen schwimmt. Bei jeder Almhütte oder Gastwirtschaft machte Robby sofort halt. Mit seinem Charme brauchte er auch nicht lange, bis das Personal schwach wurde und er die ein oder andere Leckerei erfolgreich einheimste. Unser kleiner Nimmersatt.

Im Herbst besuchten wir das Tierheim in Malchow und Robby begrüßte voller Begeisterung die Mitarbeiter.

Anfang Dezember sind wir dann endgültig an den Plauer See umgezogen. Nachdem alles eingeräumt war, sagte ich schließlich zu Robby: „Wir wollen zu einem Spaziergang nach Malchow fahren!". Also brachen wir auf in die Inselstadt und bummelten dort durch die Straßen. Robby schnupperte eifrig und sog die neuen unbekannten Düfte genüsslich ein. Schon von Weitem erblickte ich die Stadtkirche und raunte Robby zu: „Lass uns doch mal hinaufgehen."

Auf dem Weg zur Kirche sahen wir in dem kleinen Park eine Frau mit einem Hund. Robby schaute ihn an und lief plötzlich schnurstracks auf ihn zu. Ungefähr fünf Meter vor dem Zusammentreffen blieben beide Hunde auf einmal regungslos stehen. Aber schon kurz darauf gingen sie wieder langsam aufeinander zu, fielen sich in die „Arme", heulten, jaulten, ließen sich nicht los und tanzten dann fröhlich um uns herum. Erstaunlich. „Das hat er ja noch nie gemacht", riefen ich und die andere Hundehalterin beinahe zeitgleich.

Nachdem sich unsere Hunde beruhigt hatten, kamen wir ins Gespräch und fanden heraus, dass beide zur selben Zeit in zwei nebeneinanderliegenden Zwingern im Malchower Tierheim lebten und fast gleichzeitig eine neue Familie gefunden hatten.

Zwei Freunde haben sich wiedergesehen. Was für ein Zufall! Wir verabschiedeten uns und wünschten uns gegenseitig eine schöne Advents- und Weihnachtszeit. In der Ferne hörten wir die Kirchenorgel. Der Organist spielte „Oh, du fröhliche". Robby hüpfte fröhlich neben mir her und wir setzten unseren Spaziergang in Richtung Malchower Drehbrücke fort.

Im Frühling trafen sich beide Hunde in der Hundeschule in der gleichen Gruppe wieder und hatten viel Spaß!

Adventskalender
von Oma aus dem Westen

von Annette Franke

Als ich zehn war, im Jahre 1970, bekamen wir zum Beginn der Adventszeit ein Paket „aus dem Westen" – von unserer Oma, die in Nordrhein-Westfalen lebte. Zu dieser Zeit wohnte unsere Familie im Boitzenburger Land und wir Kinder wussten gar nicht so recht, wo das war, dieser „Westen". Auch unsere Oma kannten wir nur von Fotos.

Ein Paket von ihr war immer etwas ganz Besonderes für uns. Denn wir wussten ganz genau, dass für jeden etwas Schönes dabei war, auch leckere Süßigkeiten. Da ich die Älteste unter meinen Geschwistern bin, durfte ich immer alles verteilen. Diesmal war ein wunderschöner Adventskalender für uns alle gemeinsam dabei. Der glitzerte und leuchtete in vielen schönen Farben – so etwas Schönes gab es damals nicht bei uns zu kaufen. Umso mehr haben wir uns darüber gefreut. Wir lagen auf dem Teppich und bewunderten ihn. Neugierig und aufgeregt, öffneten wir schon mal ein paar Türchen

– anfangs noch ganz vorsichtig. Doch nach und nach zerrte jeder daran herum. So passierte es, dass gleich zwei Türchen abgerissen wurden. Da half selbst Kleber nicht mehr. Unser schöner Kalender war schon vor dem ersten Advent beschädigt. Neben der Trauer über das ramponierte schöne Geschenk folgten alsbald Schimpfe und auch Fernsehverbot. Das war hart. Dennoch ist für uns der Kalender immer etwas Besonderes geblieben. Jedes Jahr wurde er an den Feiertagen aus der Weihnachtskiste geholt, obwohl er natürlich über die lange Zeit noch mehr gelitten hat.

Inzwischen bin ich 57, habe den Adventskalender über all die Jahre aufgehoben und natürlich stets sorgfältig weggepackt. So hat er sogar mehrere Umzüge überstanden. Immer im Advent stelle ich ihn auf. Auch unter dem Weihnachtsbaum bekommt er einen Ehrenplatz. Ja, und wie jedes Jahr, freuen sich meine Geschwister und unsere Eltern, dass es den Kalender noch gibt!

Die unerwartete Tannenbaum-Trophäe

von Dieter Seidel

Es war das erste Weihnachten nach dem Krieg. Mein Vater war noch in englischer Kriegsgefangenschaft. Alles war knapp und vieles nur auf dem Schwarzmarkt zu bekommen. Meine Mutter musste ihr ganzes Organisationstalent einsetzen, um uns Kindern ein schönes Weihnachtsfest zu gestalten. Schon Monate vorher hatte sie damit begonnen, die Zutaten für Kuchen und Kekse zu horten.

Der Heiligabend rückte immer näher, und es fehlte eigentlich nur noch eins für ein gelungenes Weihnachtsfest: der Weihnachtsbaum. Mama ließ ihre Verbindungen spielen, aber es war wie verhext. Nirgends ließ sich etwas auftreiben, was auch nur entfernt an einen Weihnachtsbaum erinnert hätte. Deshalb hatte ich mit meinem Freund Herbert schon geplant, in den Wald zu fahren und einen Baum zu klauen. Mama aber war streng dagegen. Außerdem stand jeden Tag in der Zeitung, dass sie wieder einen „Baumfrevler" beim Diebstahl einer Fichte, Kiefer oder eines ähnlichen Nadelbaums erwischt hätten.

Doch dann kam uns das Glück zu Hilfe. Wie ein Lauffeuer verbreitete sich in unserer Straße die Nachricht, ganz in der Nähe hätten sie eine Ladung Weihnachtsbäume angeliefert. Ich hatte das Vergnügen, mit meiner Mutter an die Stätte der unerwarteten Tannenbäume zu eilen.

Dort war die Schlacht um die begehrten weihnachtlichen Symbole bereits in vollem Gange. Man hatte die Bäume alle auf einen Haufen geworfen und jeder versuchte nun, einen optisch einigermaßen ansprechenden Baum zu ergattern.

Auch Mama war voll in ihrem Element. Ohne Rücksicht auf Verluste kämpfte sie sich durch die hektische Menge. Leider musste sie recht schnell feststellen, dass die noch vorhandenen Bäume nicht so ganz ihren Vorstellungen von einem wohlgeformten Weihnachtsbaum entsprachen. Besonders die kleineren, normalen Wohnzimmergrößen entsprechenden Exemplare waren zum Zeitpunkt ihres Eintreffens schon nicht mehr vorhanden.

Meine Mutter aber ließ sich nicht entmutigen und zog alsbald mit einem etwas groß geratenen Baum davon. Das heißt, sie wollte ihre Beute in Sicherheit bringen. Dies allerdings erwies sich schwieriger als gedacht. Denn am anderen Ende des mindestens fünf Meter großen Nadel-Ungetüms hing eine Frau, die ebenfalls den Besitz dieses Prachtstücks anmeldete.

Schnell hatte sich ein Kreis um die beiden Kontrahentinnen gebildet. Die Leute feuerten sie mit lauten Rufen an. Ich hielt mich etwas im Hintergrund, denn mir war dieses „Tauziehen" ausgesprochen peinlich.

Von Anfang an hatte meine Mutter ihrer Gegnerin gegenüber einen leichten Vorteil, da sie das dicke Ende des Baums erwischt hatte und so besser zupacken konnte. Und noch ein Umstand führte dazu, dass Mama schließlich als Siegerin die Arena verließ: Ganz gegen ihre Gewohnheit hatte sie diesmal auf eine ihrer zahlreichen Hutkreationen verzichtet und sich ein schlichtes Kopftuch umgebunden. Dagegen hatte die Frau auf der anderen Seite des Streitobjekts ein eigenartiges Gebilde – das wie ein Taucherhelm anmutete – auf dem Kopf. So konnte sie leider nicht verhindern, dass ihr dieses komische Ding wieder und wieder über die Augen rutschte.

Immer wenn sie versuchte, ihre Kopfbedeckung in die richtige Position zu bringen, stand ihr notgedrungen nur eine Hand zum Ziehen zur Verfügung, und so eroberte Mama ein weiteres Stück des Baumes. Unter Johlen und Klatschen errang sie schließlich den Sieg.

Beim genaueren Hinsehen erwies sich die Trophäe allerdings eher als Lachnummer. Nicht nur, dass sie für unser Wohnzimmer viel zu groß war. Auch die Zweige, die später den Weihnachtsschmuck tragen sollten, waren recht spärlich über den Stamm verteilt. Aber nach dem Kürzen um etwa ein Drittel und Implantieren von Zweigen an den kahlen Stellen, sah unser Weihnachtsbaum ganz vernünftig aus.

O Tannenbaum

Ernst Anschütz (1824)

1. O Tan - nen - baum, o Tan - nen - baum, wie

treu sind dei - ne Blät - ter! Du grünst nicht nur zur

Som - mer - zeit, nein, auch im Win - ter,

wenn es schneit. O Tan - nen - baum, o

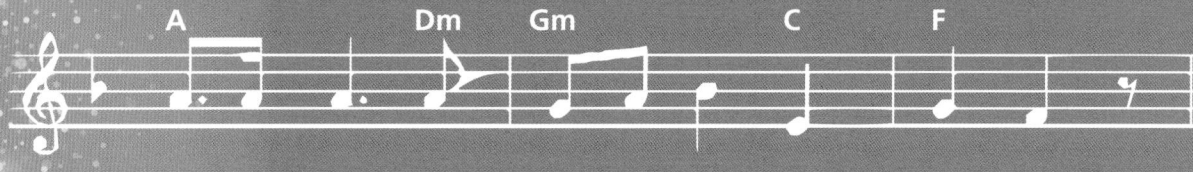

Tan - nen - baum, wie treu sind dei - ne Blät - ter!

2.

O Tannenbaum, o Tannenbaum,
du kannst mir sehr gefallen!
Wie oft hat nicht zur Weihnachtszeit
ein Baum von dir mich hoch erfreut!
O Tannenbaum, o Tannenbaum,
du kannst mir sehr gefallen!

3.

O Tannenbaum, o Tannenbaum,
dein Kleid will mich was lehren:
Die Hoffnung und Beständigkeit
gibt Trost und Kraft zu jeder Zeit,
o Tannenbaum, o Tannenbaum,
dein Kleid will mich was lehren.

5

Ob wir bis Heiligabend nach Hause finden?

von Sven Krause

Wir schreiben das Jahr 1975. Damals lag noch richtig Schnee zu Weihnachten und die Natur lud zu einer Schneewaldwanderung ein. Es war also der letzte Schultag vor den Weihnachtsferien und unsere Lehrer meinten, wir könnten doch im frischen Pulverschnee eine Wanderung machen, denn es hatte die ganze vergangene Nacht hindurch geschneit. Wir teilten uns in zwei Gruppen auf und wählten ein Ziel, welches eigentlich sehr leicht zu finden war und das sozusagen alle kannten. Ungefähr zwei Stunden waren dafür eingeplant. Danach wollten wir uns am ausgemachten Treffpunkt wiedersehen, um gemeinsam nach Hause zu gehen.

Es ging los. Meine Gruppe war recht schnell am Ziel und wartete nun auf die anderen Schüler. Doch diese kamen und kamen nicht. Es war schon 16 Uhr und es dunkelte bereits. Langsam wurden alle unruhig und meinten, dass sich die andere Gruppe wohl verlaufen hatte. „Was tun?", meinte unser Lehrer.

Er überlegte eine Weile und entschied, dass wir den Rückweg antreten werden. Es könnte ja sein, dass sie inzwischen längst in der Schule zurück sind. Dies konnte ich mir aber nicht vorstellen, denn die anderen Schüler waren alle von außerhalb und kannten sich hier im Wald nicht aus. Ich sagte zu unserem Lehrer, dass ich einen anderen Weg nehmen werde. Nur zur Sicherheit, falls sie doch noch nicht zurück waren und sich verirrt haben. Zudem kannte ich mich hier sehr gut aus. Er willigte ein, sie zogen schnellen Fußes los und ich nahm einen anderen Weg.

Es wurde immer dunkler. Doch der herrlich frische, weiße Pulverschnee reflektierte das wenige Licht und machte alles heller. Die Luft war klar und man konnte auf vier bis fünf Kilometer Entfernung jeden Ton im Wald hören. Ich lief also ungefähr eine gute Stunde in dem Gebiet umher, in dem sie sich befinden konnten. Es waren viele Geräusche zu hören, doch keine menschlichen Stimmen. Also beschloss ich, kehrt zu machen und nach Hause zu gehen.

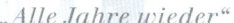

Mir wurde langsam kalt und ich nahm eine
kleine Abkürzung durch das Wildschwein-
dickicht, in der sich auch eine alte Wald-
scheune befand. Als ich dort angekommen
war, hörte ich auf einmal Stimmen.

Es war wirklich die andere Gruppe!
Und dann sah ich auch, warum die
Kinder nicht zur verabredeten Stelle
kommen konnten: Sie wurden offensichtlich von einem Rudel Wildschweine überrascht und hatten sich deshalb auf die alte
Tenne der Scheune gerettet. Nun trauten
sie sich nicht mehr herunter. Die Lehrerin
saß vor Angst schon oben auf dem Dach.

Ich fasste mir ein Herz und machte so viel
Lärm und Getöse, bis die Wildschweine
verschwunden endlich waren. Dann gingen
wir alle nach Hause und freuten uns, dass
die Geschichte ein so gutes Ende fand.

6.

Auf die Schliche gekommen

von Eva Maria Gurske

Ich muss etwa vier Jahre alt gewesen sein, als ich das erste Weihnachtsfest erlebte, an das ich mich noch deutlich erinnern kann. Mein kleiner Bruder war auch schon auf der Welt. Unsere Mutter hatte uns mit Erzählungen und Liedern auf das Weihnachtsfest vorbereitet. Ich war voll freudiger Erwartung, vor allem auf den Weihnachtsmann. Und ich wünschte mir eine Puppe, denn bis dahin besaß ich nur meinen geliebten Teddy und den weißen Plüschhund Babauchi.

Um mir die Wartezeit ein wenig zu verkürzen, beschloss ich, ein Bild zu malen. Buntstifte hatte ich. Also brauchte ich nur noch ein Blatt Papier. Papa gab mir sonst immer eins. Doch er war auswärts und meine Mutti hielt Mittagsschlaf.

Papa holte die Blätter immer aus seinem Arbeitszimmer. Da müsste ich sie doch finden können, überlegte ich kurz und ging hinein. Im großen Bücherschrank steckten schöne goldene Schlüssel. Ich zog an einem und die Tür ging ganz leicht weit auf.

Aber was war das? In einem der Schubfächer lag eine Puppe mit einem hübschen bunten Kleid. Neben ihr stand ein weißes Holzpferdchen auf einem grünen Brett mit Rädern darunter. Konnte ich meinen Augen trauen? Ich wagte gar nicht, länger hinzuschauen. Als hätte ich mich verbrannt, schlug ich die Schranktür zu und rannte aus dem Zimmer. Mein Herz klopfte so stark, dass mir fast die Luft wegblieb.

Hatte ich ein Geheimnis gelüftet?

Zum ersten Mal fühlte ich mich tief schuldig, setzte mich in meinen Kinderstuhl und erwartete, dass mich eine schlimme Strafe treffen würde. Aber es kam nur Mutti herein und wunderte sich, dass ich so traurig in der Dämmerung saß.

Das Schuldgefühl drückte mich tagelang und machte mich fast krank. Dabei hatte ich doch eigentlich nichts Verbotenes getan. In unserer Wohnung durfte ich überall hingehen und auch jede Tür öffnen, wenn ich wollte. Dennoch kam ich mir wie ein

Übeltäter vor und wartete nun angstvoll
auf den Heiligen Abend.

Der Tannenbaum war schön geschmückt
und wir saßen alle im Weihnachtszimmer.
Da wummerte es an der Wohnungstür.
Ein kalter Hauch wehte in die Stube.
Und da war er – der Weihnachtsmann?

Aber nein! Es war ein unfreundlich aus-
sehender, nicht sehr großer Alter in einem
bräunlichen Pelzmantel und einem grauen
Schnurrbart. Ich sollte beten, brachte aber
kein Wort heraus. Tränen liefen mir übers
Gesicht. Es war meine Schuld, dass wir
keinen richtigen Weihnachtsmann
bekamen – der hier konnte es nicht sein!

Dann holte der Nichtweihnachtsmann
doch tatsächlich die Puppe aus dem Sack,
und mein kleiner Bruder erhielt das weiße Pferdchen. Ich blieb verstört zurück.
Zu vieles war mir immer noch rätselhaft.
Hatte der Weihnachtsmann die Geschenke
heimlich schon vorher an ein Versteck im
Haus gebracht? Aber wann und wie war
er unbemerkt hereingekommen? Ich
konnte mir das alles nicht erklären.

Im nächsten Jahr habe ich mit Absicht
in den Bücherschrank geschaut. Es war
aber nichts darin. Dem Weihnachtsmann
hat es wohl nicht gefallen, dass ich ihm
auf die Schliche gekommen war…

7

Erinnerungen an Weihnachten

von Annemarie Giegler

Tief verschneit schlängelte sich der Weg vom Dorf herkommend über das Feld, durch die Wiese und herauf auf den Hügel, dann wieder sanft herunter bis zum Bauernhof. Der Großvater hatte ihn hier einst vor langer Zeit zwischen Dorf und Wald gebaut. Er sollte ihn schneller auf seinen Acker führen.

Weit hinten stand der Wald wie eine mit Schnee überschüttete Wand. Es wurde schon schummrig. Der Schnee knirschte unter meinen Füßen. Heute, einen Tag vor Heiligabend, durfte ich noch einmal am Nachmittag in das Dorf zu meiner Freundin Erika. Die Jungs fuhren mit ihren Piekschlitten auf dem Teich umher. Sie waren so wild unterwegs, dass wir Mädchen zusehen mussten, dass wir ihnen nicht im Wege waren. Egal! Uns zog es auch eher in die warme Stube von Opa Julius und Oma Leni.

Oma Leni hatte in der Ofenröhre ihren Kaffee zu stehen und im Flur verbreitete der wunderbare Duft von Bratäpfeln eine wohlige Wärme. Auf dem Tisch stand ein großer Teller mit braunen Pfefferkuchen und Plätzchen. Nur der Weihnachtsbaum fehlte noch. Er wurde erst am Heiligabend in der guten Stube aufgestellt.

Opa Julius hatte wohl nach dem Mittag ein bisschen geschlafen, nun setzte er sich an den breiten Kachelofen und steckte seine tief nach unten gebogene Pfeife an. Er zog ein paar Mal kräftig und blies den Qualm um die Ecke. Oma Leni hatte ihre gute Schürze vorgebunden und sah damit schon ganz festlich aus. Sie huschte hin und her und wieder in die Küche. Endlich standen auch unsere Tassen auf dem Tisch, solange mussten wir stillsitzen. Besonders Erika fiel das sehr schwer, sie rutschte unruhig auf ihrem Stuhl herum.

Schließlich setzten wir uns zu Opa Julius auf die Ofenbank. Oma Leni rückte ihren Lehnstuhl an das Fenster heran und schaute auf das Eis, zu den spielenden Kindern. Dann ließ sie ihren seligen Blick hinüber zum Lehrerhaus schweifen, in dem ihre Tochter Mia mit ihrem Mann lebte.

Wir strichen nun Opa Julius um den Bart, der noch immer an seiner Pfeife zog. Erika bat ihn, uns doch eine Geschichte zu erzählen. Ein wenig wollte er schon gebeten werden – aber dann fing er an.

Er erzählte uns die Geschichte vom Räuberhauptmann Mohr. Alles, was er erzählte, stimmte ganz genau, er sei schließlich selber einer der vierzig Räuber gewesen! Es war so spannend und gruselig, dass wir sogar unsere Bratäpfel vergaßen und noch andächtig still saßen, als Opa Julius längst wieder an seiner Pfeife zog und Oma Leni das Licht anmachte. Nun musste ich aber nach Hause!

Mir war, als hörte ich Pferdegetrappel und das „Heho, heho" der Räuber hinter mir. Ich lief, nein, ich flog über den Schnee. Nur gut, dass Papa schon einen Weg ins Dorf hinein frei geschleppt hat.

Papa hatte eine Schleppe zurechtgezimmert und unsere Lori, das braune Pferd mit der hellen Mähne, davor gespannt. Jeden Morgen brachte er die Kannen mit der Milch in das Dorf. Mittags holte er die leeren Kannen wieder ab. In den letzten Tagen hatte Papa mich auch morgens in die Schule gebracht. Im warmen Kuhstall hatte er gesessen und für Prinz, unseren Bernhardiner, ein Geschirr gebastelt. Ich saß dick eingemummelt auf dem Schlitten,

den unser Hund zog. Papa lief mit der Leine in der Hand nebenher. Der Wind blies uns tüchtig ins Gesicht und es schneite. Prinz versperrte der dichte Schnee Augen und Ohren. Aber sein helles Fell mit den braunen Flecken war dick, er fror gewiss nicht.

Als ich über den Berg lief, fing unser treuer Wachhund bereits an zu bellen, er hatte mich kommen hören. Aus dem Schornstein stieg dicker, grauer Qualm kerzengerade in den Abendhimmel. Die Fenster waren von der Petroleumlampe hell erleuchtet. Meine Oma stand am Fenster und wartete. Nun, da ich sie sehen konnte, lief ich langsamer und wurde ruhiger. Die imaginären Räuber hatten sich schlagartig verzogen. Am Gartenzaun hoppelte ein Hase, er hatte wohl den Grünkohl geschnuppert, der aus dem Schnee hervorguckte und wollte sich sein Weihnachtsessen holen.

Über Nacht brauste ein Sturm um das Haus, dass sich die Tannen bogen und der Schnee von den Ästen geschüttelt wurde. Der Wind zauste in den Linden und sang sein stürmisches Lied. Am Morgen hatte sich die Lage wieder entspannt. Eigentlich hätte ich länger schlafen können, es war schließlich ein Ferientag, Heiligabend! Oma wirtschaftete schon in der Küche umher. Sie hantierte mit Töpfen und Pfannen. Opa brachte zwei Eimer Wasser herein und stellte sie auf die Bank neben dem Herd und der Holzkiste.

Meine Mutter wirtschaftete in der guten Stube, die ungemütlich kalt war. Der Wind hatte die Wärme über Nacht herausgepustet. Die braunen Kacheln fühlten sich nur lauwarm an. Der Ofen riss sein gieriges Maul weit auf, um die Kälte schnell zu vertreiben. Zuerst wurden ein paar Kienspäne hineingelegt, die knisternd brannten, dann schob meine Mutter einen Buchenkloben nach dem anderen hinein und verschloss die Tür sicher, damit nichts auf das Ofenblech oder die Dielen fallen konnte.

Die Fenster blühten voller dicker Eisblumen. Ich hauchte die Scheiben so lange an, bis ich durch ein Loch auf den Hof sehen konnte. Von den Stalldächern hingen mächtige Eiszapfen herunter und ich stellte mir vor, dass sie so hell wie Glocken klingen. Eine richtige Melodie für Heiligabend.

Mein Vater schippte den Weg frei, vom Haus zur Waschküche und weiter zu den Ställen, dann herunter bis zum Brunnen. Überall stand ich den Erwachsenen nur im Weg, ich wusste aber auch gar nichts mit mir anzufangen. Niemand hatte Zeit für mich, und dabei war doch Heiligabend. „Lerne du nur dein Weihnachtsgedicht", sagte meine Mutter zu mir. Als wenn ich das nicht längst auswendig konnte.

Am Abend, als alle Arbeit getan war, ging Papa noch mit mir in die Ställe. Er hielt

mich ganz fest mit seinen großen, warmen Händen. Lori drehte sich um, sie stand neben Hans und ihrer Mutter Hanni im Pferdestall. Papa holte aus der großen Futterkiste für jeden eine Hand voll Hafer. Lori blies die Nüstern auf und fing an zu tänzeln. Am liebsten wollte sie wohl raus. Ruhig klopfte Papa ihr den Hals und ich streichelte ihr den Kopf.

Im Kuhstall drehten die Kühe ganz erstaunt über den späten Besuch die Köpfe. Die Tauben saßen im Nest oder noch auf den Balken. In der Ecke ruhte die Ziege Louise. Sie hatte sich schon hingelegt. Im Winter musste sie im Kuhstall bleiben.

Prinz kam aus seiner Hütte heraus und schwänzelte um uns herum. Vielleicht durfte er ja später auch noch mit herein in die Küche, hoffte ich still.

Es war ein sternenklarer Winterabend, der Schnee glitzerte. Mir war, als hörte ich vom Dorf her die Glocken läuten. Inzwischen waren auch alle Lichter am Weihnachtsbaum angezündet.

Es war ein besonderer Heiligabend im Jahr 1940, denn mein Vater war noch zu Hause. Bald wurde er Soldat. Es war ja Krieg, der den Menschen viel Leid brachte. Aber davon spürte ich noch nichts an diesem aufregenden Tag in meiner kleinen Welt.

Rentier Rudolf
sucht eine Frau

von Regina Rühlemann

Viele Jahre lang war das Rentier Rudolf am Heiligen Abend mit dem Weihnachtsmann zu den Kindern gefahren – und gemeinsam hatten sie die Geschenke durch den Schornstein geworfen. Nun aber wurde das Rentier von Jahr zu Jahr trauriger. Eines Tages, als Weihnachten schon längst vorbei war, machte es sich auf den Weg in den Winterwald.

Der Weihnachtsmann und die Weihnachtsengel schliefen sich von ihrer anstrengenden Arbeit aus und bemerkten deshalb gar nicht, dass Rudolf weggelaufen war. Das Rentier trabte unterdessen durch den Wald, schnupperte hier und dort, fraß ein bisschen von den Flechten, ein wenig vom Moos und kam dabei irgendwann auf eine kleine Lichtung.

Als Rudolf den Kopf hob, stand auf einmal ein hübsches schlankes Rentiermädchen vor ihm. Es hatte Locken auf dem Kopf und zwei weiße Schleifen im Haar. Obendrein schaute es Rudolf so lieb an, dass er sich Hals über Kopf in sie verliebte.

Auf einmal wusste Rudolf, wonach er die ganze Zeit gesucht hatte.

Rudolf führte Reni – so hieß das Rentiermädchen – zu den saftigsten Moosen, die er unterwegs gefunden hatte. Immer wieder drehte er sich nach Reni um und musste sie anschauen – vor lauter Glück.

Die Beiden blieben den ganzen Frühling und Sommer zusammen und bekamen zwei hübsche Rentier-Jungen, die sie aufzogen. Als ihre Kinder größer und stärker wurden, ging der Herbst langsam zu Ende und Rudolf erinnerte sich wieder an den Weihnachtsmann, der sicher schon auf ihn wartete. Er erzählte Reni und den Jungen von all seinen Erlebnissen zur Weihnachtszeit und sie beschlossen, alle vier zum Weihnachtsmann zu gehen, um gemeinsam seinen schweren Schlitten zu ziehen.

In der Zwischenzeit war der Weihnachtsmann längst aufgewacht und hatte seinen Schlitten neu beladen. Doch wer sollte ihn nun zu den Kindern ziehen? Überall

hatte er Rudolf gesucht und nicht gefunden. Eines Tages, es ging schon fast auf den Heiligen Abend zu, stapfte der Weihnachtsmann wieder einmal durch den Winterwald, um nach dem Rentier zu suchen. Auf einmal hörte er eine Melodie und lauschte ihr nach. Es war die Weihnachtsnachtigall, die ein wunderbares Lied sang. Der Weihnachtsmann hörte genauer hin – und nun verstand er, was sie ihm sagen wollte. Sie sang von Rudolf und Reni und ihren heranwachsenden Jungen. Aufgeregt

flatterte sie um den Weihnachtsmann herum und lockte ihn tiefer in den Wald. Da kam ihm Rudolf mit seiner Familie entgegen. Groß war da die Wiedersehensfreude und das Fest mit der Bescherung gerettet. Der Weihnachtsmann freute sich über Rudolfs Frau Reni und die kräftigen jungen Rentiere, die fleißig helfen wollten.

Seit dieser Zeit fährt der Weihnachtsmann mit vier Rentieren vor seinem Schlitten am Heiligen Abend zu den Kindern.

Eine außergewöhnliche Reise

von Mechthild & Wolfgang Tschörner

Weihnachten 1989 wird wohl für viele Deutsche unvergesslich sein – nach 40 Jahren endlich Weihnachten mit offenen Grenzen. Auch unserer Familie ist dieser Heiligabend in ganz besonderer Erinnerung geblieben.

Die meisten DDR-Bürger haben damals wahrscheinlich so ziemlich alles versucht, um so schnell wie möglich in den Westen zu gelangen.

Ich jedoch tat genau das Gegenteil. Mein Mann arbeitete in jener Zeit an der Erdgastrasse im Uralgebirge. Deshalb setzte ich mich mit unseren beiden Söhnen am Morgen des 22. Dezember 1989 in den Flieger, um mit der ganzen Familie den Heiligabend im russischen Berjosowka am Rande des Urals feiern zu können.

Von Berlin-Schönefeld ging es nach Moskau-Scheremetjewo. Obwohl das Wetter alles andere als ruhig war, verlief die Busfahrt zum Inland-Flughafen Domodedowo ohne größere Verspätung ab. Am Flughafen angekommen, begann dann aber der Albtraum. Wegen vereister Landebahnen und dem Fehlen von Enteisungsmitteln konnte kein Flugzeug starten.

Das große Warten begann. Warten in einer Umgebung, die keinerlei Bequemlichkeit

bot. So öffneten wir die Koffer, kramten sämtliche Pullover sowie die Pudelmützen der Kinder hervor und versuchten, uns so warm wie möglich einzupacken.

Nach etwa 24 Stunden sollte es in Richtung Perm weitergehen. Dort angekommen, startete die Busfahrt in die eisige Kälte des Urals. Wie eine Ewigkeit kam uns diese Fahrt vor. Bei 15 Grad Plus hatte unsere Reise in Neubrandenburg begonnen und sie endete bei 25 Grad Minus in Berjosowka.

Als wir uns dann endlich alle in die Arme schließen konnten, war es bereits um 22 Uhr des 24. Dezember. Unser Heiligabend endete mit einem heißen Bad und wohlverdientem Schlaf. Für die Bescherung blieb allerdings in dieser Nacht keine Kraft mehr. Die musste bis zum nächsten Tag warten.

Das Schönste aber für uns alle war: Am Ende dieser aufregenden Reise konnten wir unseren Vater endlich wieder mit nach Hause nehmen!

Dieses Weihnachtsfest war für unsere Familie etwas wirklich Außergewöhnliches. Keiner von uns wird diese Tage im fernen, tief verschneiten Ural je vergessen.

Und mittlerweile geben unsere Söhne diese Erzählung an ihre Kinder weiter…

10.

Wihnachtsmann, dien Sack brennt!

von Sabine Witthuhn

Die folgende kleine Geschichte gab mein Vater Albert immer zum Besten, wenn das Weihnachtsfest im Anmarsch war. Er erzählte uns aus seiner Kindheit. Damals wurde der Weihnachtsbaum mit echten Kerzen geschmückt – eine wirklich brandgefährliche Sache.

Das Wohnzimmer meiner Großeltern war am Weihnachtsabend ganz mollig warm und alle fragten sich: Wann kommt denn endlich der Weihnachtsmann?
Plötzlich gab es ein Poltern und ein Rumpeln an der Wohnzimmertür und der lang ersehnte Herr schleppte sich hinein. Auf dem Rücken hatte er einen Sack, seine Stimme war laut und angsteinflößend.

Er sprach meinen damals achtjährigen Vater an und forderte ihn auf, ein Gedicht aufzusagen. Mein Vater, von Natur aus etwas vorlaut und lustig, gab sogleich Folgendes zum Besten: „Wihnachtsmann, kleenen Knoken, groten Knoken, Wihnachtsmann, dien Büx ist open."

Diese Frechheit von „soon kleenen" Bengel verärgerte den Weihnachtsmann. Er nahm die Rute und wollte schon ausholen. Doch mein Vater war schneller. Er raste im Zimmer umher, dicht gefolgt vom Weihnachtsmann, der wie besessen hinter ihm herjagte. Weil aber im Sack des bärtigen Geschenkebringers nur Heu war, fing dieser sofort Feuer, als das muntere Duo am Weihnachtsbaum vorbeisauste: „Wihnachtsmann, dien Sack brennt!"
Es gab einen Riesenalarm. Der Weihnachtsmann lief geistesgegenwärtig fix hinaus, um sich draußen im Schnee zu wälzen. Und nun kam zum Vorschein, dass unter dem Mantel und der Maske Nachbar Gombert steckte. Mein Großvater Richard rief dann: „Schenkt mal dem Gombert einen Korn ein, damit er sich von diesem Schreck schneller erholen kann!"

Wir hörten diese Geschichte – ob wahr oder ausgeschmückt – immer wieder sehr gern. Inzwischen gehört sie für uns zu den Feiertagsritualen unserer Familie.

11.

Das verspätete
Weihnachtspäckchen

von Jürgen Beyer

Als ich mich im Spätherbst von meiner Frau und den Kindern verabschiede, steht mir bereits das zweite Fest fern vom heimischen Erzgebirge bevor. Ich heuere auf der „MS Leipzig" an, die Richtung Südostasien ausläuft und erst im Frühjahr wieder den Rostocker Hafen erreichen wird. „Wir vergessen dich nicht, wenn hier der Schnee turmhoch liegt und du in der Tropensonne brätst", sind die freundlichen Worte zum Abschied.

Die Tage vergehen rasch, der Heilige Abend naht, wir liegen in Colombo. Die Glückwunschtelegramme sind bereits eingegangen und verteilt. Mit den guten Wünschen meiner Lieben wird mir ein Geschenkpäckchen angekündigt.

Am Vormittag schlendere ich durch die belebten Straßen der Stadt, um das eigenartige Flair des Festes in den Tropen zu bewundern. Santa Claus, wie der Weihnachtsmann im englischen Sprachgebiet genannt wird, schwitzt bei 30 Grad in der roten Robe mit Pudelmütze, wenn er in den

Straßen kleine Geschenke und Süßigkeiten an Passanten verteilt. Künstliche Tannenbäume mit Schnee-Imitat bestreut – echten Schnee kennen die Menschen hier nur aus Filmen – wirken mit ihren bunten Kugeln irgendwie deplatziert neben Palmen, blühendem Hibiskus und Oleander.

Auf dem Schiff hat inzwischen der Bootsmann die echten Fichten aus der Kühllast geholt, aber selbst niedrige Temperaturen konnten nicht verhindern, dass es sich mittlerweile um nadellose Gerippe handelt. Mittels Sprühpistole wird Leim

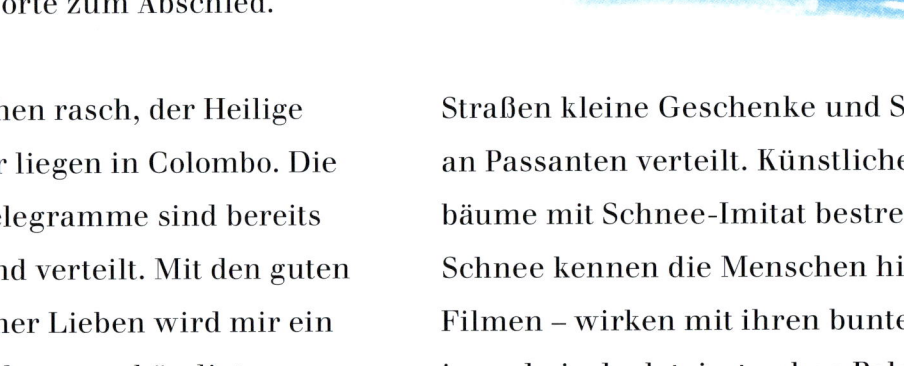

aufgetragen, die sorgfältig zusammenge-
kehrten Nadeln darüber gestreut und mit
dem Föhn vorsichtig getrocknet. Nach dem
Anputzen sehen die Bäume fast so aus,
wie die im heimischen Wohnzimmer.

Auf dem Gabentisch liegt für jedes Besat-
zungsmitglied ein kleines Präsent der
Reederei, eingegangene Geschenke von
Zuhause und der Teller mit Nascherei.

Auch für mich ist der Gabentisch gedeckt.
Nur das von der Familie angekündigte
Päckchen vermisse ich. Mit so etwas muss
in der Seefahrt eben gerechnet werden. Ich
tröste mich damit, dass es sicher in einen
der nächsten Häfen nachgeschickt wird.

Noch vor dem Jahreswechsel sind
wir wieder auf See. Singapur, Port Klang,
Surabaya, Shanghai bringen neue
Eindrücke und Erlebnisse. Nur auf mein
Weihnachtspäckchen warte ich immer
noch vergeblich. Und allmählich gerät
die Sache in Vergessenheit.

Nach dem Umrunden von Afrika und
dem Anlaufen mehrerer westeuropäischer
Häfen erreicht die „MS Leipzig" im
Frühjahr wieder den Heimathafen Rostock.
Ehe ich nach Hause fahre, erkundige ich
mich nach eingegangener Post. Für mich
ist nichts dabei. Damit wird das Päckchen
unter „Verschollen" verbucht.

Nach dem Urlaub folgt eine Reise zu den
Fischgründen vor der nordamerikanischen
Küste, dann stehen Arbeitsplatzwechsel,
Hauskauf und Umzug in die Uckermark
bevor. Bis zum Herbst ist das Gröbste
überstanden. Wir haben uns eingerichtet,
die Familie findet wieder zusammen.

Am Heiligen Abend bringt der Postbote ein
in zerfleddertes Packpapier eingewickeltes
Etwas, das über und über mit Stempeln
und Vermerken bedeckt ist. Und siehe da:
Mein Weihnachtspäckchen ist pünktlich
zum Fest eingetroffen – wenngleich mit
einem Jahr Verspätung.

Es war mir in die asiatischen und euro-
päischen Häfen nachgereist, hatte aber
jedes Mal den Adressaten verfehlt. Wieder
in Rostock angekommen und zum Fisch-
kombinat weitergeleitet, schipperte es noch
einmal zu den Fanggründen der Georges
Bank vor Amerika und wieder zurück. Reis-
te ins Erzgebirge, fand das Nest dort leer
und kam schließlich nach Ahrensdorf zu
seinem Empfänger. Soll noch jemand sagen,
dass die Post nicht zuverlässig arbeitet.

Und was war nun drin im weitgereisten
Päckchen? In meiner Schreibtischschub-
lade liegt er heute noch, der kunstvoll
gestaltete, immerwährende Kalender mit
den Geburtstagsdaten von Angehörigen,
Freunden und Bekannten.

Eine Handvoll
goldener Nüsse

von Karin Köhler

Tante Anna und Onkel Erich waren Fischersleut'. Seit jeher besuchten meine Eltern und ich sie am Heiligabend. Natürlich bestand das Abendbrot aus leckerer Fischsuppe mit vielen Kräutern und Karpfen. Ich erinnere mich oft und gern an diese Stunden, die so anheimelnd waren. Ein Besuch jedoch war ein ganz besonderer. Man schrieb das Jahr 1950. Dichter Flockenwirbel hüllte die Landschaft in eine weiße Pracht und machte den Weg der holprigen Gasse, die zu Tante Anna und Onkel Erich führte, nicht mehr sichtbar. Einträchtig stapften meine Eltern untergehakt durch den weichen Schnee. Ich, damals sechs Jahre alt, lief freudig voraus. Doch was lag da im Schnee, angeleuchtet von der alten Straßenlaterne, goldig glänzend? Eine Nuss, ein paar Schritte weiter noch eine – und noch eine. Schließlich hatte ich eine ganze Handvoll. Staunend blickte ich zum Himmel empor und glaubte, sie wären mit den Schneeflöckchen auf die Erde gefallen. „Vielleicht war es auch der Weihnachtsmann", meinten meine Eltern schmunzelnd. Doch es gab keine Spuren. Für mich war es eine große Überraschung – so viele vergoldete Nüsse – nur für mich allein. Später fragte Onkel Erich: „Deern, hest du ok goldene Nüsse fun?" Leise kam bei mir der Verdacht auf – war es etwa Onkel Erich? Sein verschmitztes Lächeln, ich wurde es nicht los. Dennoch hatte ich den Weihnachtsmann mit seinem roten Mantel und den großen Stiefeln vor meinen Augen. Und so blieb es dabei.

Wie viele kleine Mädchen zur damaligen Zeit besaß auch ich ein Täschchen mit einem Sammelsurium von „Schätzen" wie bunte Glasmurmeln, Lackbilder, ein winziges Fläschchen mit Veilchen-Parfüm – und eine vergoldete Nuss.

Noch heute ziert diese zur weihnachtlichen Zeit meinen Tannenstrauß, ganz allein, und die Erinnerungen werden wach …

Leise rieselt der Schnee

Eduard Ebel (1895)

| G | D7 | G |

1. Lei - se rie - selt der Schnee,

| C | | G |

still und starr ruht der See_____

| D7 | H7 | Em |

weih - nacht - lich glän - zet der Wald:

| Am | D7 | G |

Freu - e dich, Christ - kind kommt bald!

2.

In den Herzen ist's warm,

still schweigt Kummer und Harm,

Sorge des Lebens verhallt:

Freue dich, Christkind kommt bald!

3.

Bald ist heilige Nacht,

Chor der Engel erwacht,

hört nur, wie lieblich es schallt:

Freue dich, Christkind kommt bald!

Bockwurst
unterm Tannenbaum

von Doris Meinke

Es war in den frühen Jahren meiner Kindheit, als sich diese Geschichte zugetragen hat. Hasso, ein gelblich brauner Schäferhund, war bei uns solange ich denken konnte. Auf unserem Hof lebten zu dieser Zeit viele Tiere: Gänse, Hühner, Enten, Kaninchen, Schweine und auch die Tauben gehörten dazu. Einige Katzen und eben Hasso stolzierten ebenfalls über den Hof. Hasso war der Chef des gesamten Hofes – ganz klar. Alles hatte er unter seiner Kontrolle, denn schließlich war er ein Schäferhund, hatte Größe, kannte sich aus und genoss den Respekt sowohl der Tiere als auch der Menschen.

Eines Tages im Spätsommer kam ich von der Schule nach Hause und Hasso empfing mich nicht wie üblich bellend und schwanzwedelnd am Tor. Es war mir sofort klar: Hier stimmt etwas nicht. Auf mein Rufen blieb es hundelos auf dem Hof. Die Kette lag stumm vor seiner Hütte.

Bald erfuhr ich von den Eltern die grausame Wahrheit. Ein Bekannter meiner Eltern benötigte dringend einen Hütehund für seine Herde. Und so hatten meine Eltern unseren Hasso dem Schäfer gegeben. Jetzt musste er dort als Schäferhund arbeiten und seinen Lebensunterhalt verdienen. Er war nun weit weg, unser Hasso, und nicht nur wir Kinder waren traurig.

Wem sollte ich nun heimlich meine Stullen geben, die ich nicht essen wollte? Wer hörte sich nun meine Sorgen an und wackelte bedauernd mit den Ohren? Wer beschützte mich nun mit Knurren, Bellen und bösem Gesicht vor den großen Jungs und anderem Übel? Wer galoppierte neben mir beim Indianerspiel? Unser Hof, jetzt für mich tierisch leer, war mit Trauerfarben angemalt.

Doch die Zeit lief einfach weiter. Ich ging zur Schule, erledigte meine Hausaufgaben und die kleinen Pflichten im Haus. Abends erzählten wir uns Geschichten und Erlebnisse mit Hasso. Wir dachten oft an ihn und so blieb er ein wenig bei uns. Ich hoffte in diesen Momenten, dass er vor dem Einschlafen auch an mich dachte.

Dann kam Weihnachten, der 24. Dezember. Es war alles vorbereitet für den Heiligen Abend. Trotzdem versank der Vormittag mal wieder in Hektik und Stress. Der Baum war auch in diesem Jahr wieder schief. Die elektrischen Kerzen wollten nicht funktionieren. Und an den Senf für die Bockwurst zum Kartoffelsalat hatte keiner gedacht.

Als die Großeltern eintrafen, zog endlich etwas Besinnlichkeit ein. Für mich war diese Gemütlichkeit und Ruhe kaum zu ertragen. Dadurch wuchs meine Aufregung nur schneller. Im Gegenzug schien die Bescherung in weite Ferne zu rücken.

Draußen brachte der Wind die Luken vor den Fenstern zum Wackeln. Drinnen war es schön warm. Plötzlich rüttelte es jedoch noch stärker an den Fensterläden. War da jemand an der Tür? Der Weihnachtsmann? Ich versteckte mich hinter meiner großen Schwester. Draußen wurde es immer lauter. Vorsichtig ging meine Mutti an die Tür und machte sie einen Spalt breit auf. „Wer ist da?", fragte sie. Der Minispalt reichte. Die Tür wurde kräftig von außen aufgedrückt.

Ein Sprung ins Haus, ein Bellen, Schwanzwedeln und schon nahm klitschnasses Fell den ganzen Flur ein. Hasso war zurück! Offensichtlich hatte auch er es ohne uns nicht ausgehalten und war ausgerissen. Jeder wollte ihn in die Arme nehmen.

Pure Freude überall. Hasso blieb diesen Abend und die ganze Nacht bei uns im Haus und genoss ausgiebig die Heiligabendbockwurst und unser Kraulen.

Anderntags kam schon der Schäfer, um Hasso abzuholen. Nein, dieses Mal nicht. Er bekam unseren Hasso nicht noch einmal. Hasso hatte selbst entschieden, dass er wieder nach Hause wollte – und dabei blieb es. Bis heute hat Hasso in meinem Herzen einen festen Platz.

Weihnachten
in der alten Heimat

von Gerhard Polley

In den Tagen vor Weihnachten versuche ich mich jedes Jahrs aufs Neue in die gute alte Zeit zu versetzen. Wir schreiben das Jahr 1938: In meinem Heimatdorf Brotzen in Pommern ist tiefer Frieden. Auf unserem Bauernhof bereiten wir uns auf das Weihnachtsfest vor.

Schon zu Monatsbeginn wurden die Gänse geschlachtet. Auch das Schlachtschwein wurde bereits von Fleischermeister Kempf verarbeitet. In der Räucherkammer auf dem Kornspeicher hängen die Wurst und der Schinken. In den Regalen der Speisekammer stapeln sich die Konservendosen.

Nach überliefertem Brauch ruht die Arbeit in den zwölf heiligen Nächten auf dem Hof. Nur das Vieh wird versorgt. Es kehrt Ruhe und Besinnung ein. Oft beginnt es schon vor Weihnachten zu schneien, kalter Wind weht durch Gärten, Straßen, über Felder.

Im Hause wird das Fest vorbereitet. Plätzchen, Kuchen und Brote warten auf langen Brettern darauf, gebacken zu werden. Vater hat schon morgens in der Dunkelheit den großen Ofen in der Futterküche angeheizt. Glut und Asche sind gezogen. Das Brot wird von Großmutter Anna hineingeschoben. Es folgen Kuchen und später das Gebäck. Auch wir Kinder helfen beim Backen und haben einen eigenen kleinen Kuchen im Ofen. Verführerischer Duft von frischem Bauernbrot zieht durch das alte Gemäuer.

Schon am frühen Nachmittag wird am Heiligabend das Vieh versorgt. Im warmen Kuhstall liegen die Kühe wiederkäuend im trockenen Stroh. Ab und zu blökt im nahen Jungviehstall neben der alten Scheune ein Schaf. Die Pferde ruhen sich von der schweren Arbeit aus. Alle, die Familie und auch die Tiere auf dem Hof, warten nun auf Weihnachten.

Von der nahen Kirche läuten die Glocken zum Gottesdienst. An Vaters Seite finde ich mich unter den vielen Dorfbewohnern auf der schneebedeckten Dorfstraße auf dem Weg zur Kirche. Dort steht schon neben dem Altar die hohe Fichte im Lichterglanz.

Von der Orgel ertönen festliche Weihnachtslieder: „Oh, du fröhliche" und „Stille Nacht". Es ist bitterkalt und ich kann das Ende des Gottesdienstes kaum erwarten.

Unter Glockengeläut sind wir auf dem Heimweg. Überall in den Fenstern der Häuser leuchten Kerzen. Unsere Mutter hat inzwischen in der Vorderstube die Geschenke unter dem Weihnachtsbaum aufgestellt. Onkel Walter hat für mich einen schönen Rodelschlitten und ein Fahrrad zusammengebaut. Meine Schwester Brigitte bekommt eine Puppenstube. Dann trägt Mutter das Abendbrot auf: Kartoffelsalat mit Würstchen und Italienischen Salat mit Hering und Roter Bete. Erst spät gehen wir Kinder an diesem Weihnachtsabend ins Bett.

Am ersten Feiertag gibt es mittags in der gemütlichen Stube den duftenden Gänsebraten mit Rotkohl. Vater hat dazu aus dem Keller eine Flasche vom guten Rheinwein geholt. Nachmittags wird dann am nahen Dögenberg der neue Rodelschlitten ausprobiert. Bei hohem Schnee spannt unser Vater die beiden Rappen vor den großen Kastenschlitten und mit hellem Schellengeläut sausen wir durch die schöne Winterwelt.

Es ist Weihnachten.

Das zerzauste Christkind

von Dieter Seidel

Eigentlich sollte uns am Heiligabend der Weihnachtsmann besuchen. Doch dann stellte sich heraus, dass meine kleine Schwester Vera beim Anblick des bärtigen Gesellen dazu neigte, in Schreikrämpfe zu verfallen. Darum beschloss der Familienrat, das Christkind sollte in diesem Jahr die Bescherung übernehmen. Allerdings wusste niemand so genau, wie ein Christkind aussieht. Wir einigten uns schließlich darauf, dass es etwas „Engelhaftes" an sich haben müsste.

Nach einigen Schwierigkeiten fand man auch so einen Engel. Die Tochter einer der Bekannten erklärte sich bereit, diese Aufgabe zu übernehmen. Besagte Tochter trug eine Brille mit dicken Gläsern. Aber mit einem langen, weißen Nachthemd und einer blonden Perücke, die meine Mutter von ihrer Friseuse ausgeliehen hatte, würde sie ein gutes Christkind abgeben.

Als besonderen Clou hatte sich die Christkind-Darstellerin ein paar Flügel gebastelt, die sie mit Goldbronze verschönt

und auf ihren Rücken befestigt hatte. So konnte sie ihrem weihnachtlichen Auftritt beruhigt entgegensehen.

Am Heiligabend ergoss sich dann ein Regen-Schnee-Gemisch ganz und gar nicht weihnachtlich vom Himmel. Mir hatte man die Aufgabe zugeteilt, Punkt 17 Uhr das Christkind im Treppenhaus in Empfang zu nehmen und zur festlich gekleideten Familie zu begleiten.

Ich begab mich also pünktlich vor unsere Wohnungstür, wo wenig später auch das Christkind auftauchte.

Aber, großer Gott, wie sah es aus? Die feuchte Witterung hatte die frisch ondulierte Perücke in eine triefende, an einen Wischmopp erinnernde Masse verwandelt. Das Christkind heulte. Die Darstellerin hatte ihre Brille abgenommen, tastete sich mir entgegen und schwenkte dabei einen der goldbronzenen Flügel, der sich von ihrem Kostüm gelöst hatte. Auch der zweite Engelsflügel befand sich in einem desolaten Zustand.

Ich bekam beim Anblick des pitschnassen Engels einen meiner berühmt-berüchtigten Lachanfälle. Meine Mutter eilte herbei und bugsierte das aufgeweichte Christkind in die Küche. Die blonde Perücke wurde ausgewrungen und mit dem Föhn getrocknet.

Das durchnässte Nachthemd war nicht mehr zu retten und wurde sogleich durch ein frisches, aber etwas weiter geschnittenes Gewand ersetzt.

Endlich konnte die Bescherung beginnen. Die Geschenke, in buntem Papier eingewickelt und mit den Namen der Empfänger verschen, lagen hübsch drapiert unter dem Tannenbaum. Unser Christkind hatte seine Sehhilfe abgelegt, weil ich ihr zugeraunt hatte, dass ein Weihnachtsengel mit Brillengläsern dick wie Flaschenböden ziemlich bescheuert aussehen würde. Unser Christkind griff sich die Geschenke und hielt sie dicht vor ihre kurzsichtigen Augen, um die Namen zu entziffern.

Na, das sah erst komisch aus!

Verzweifelt versuchte ich einen neuerlichen Lachanfall zu unterdrücken. Vergebens. Obwohl ich mir die Hand vor den Mund hielt, prustete ich los und wurde für kurze Zeit von der Bescherung ausgeschlossen.

Dann bekam ich aber doch noch meine Geschenke, die mir das Christkind allerdings mit einem ziemlich mürrischen Gesicht überreichte.

16

Wie ich für meine Großeltern Heiligabend rettete

von Hildelind Schönstein

Meine Schultasche stand schon Zuhause in der Ecke, denn ich hatte Ferien. Der Kalender schrieb den 22. Dezember und ich war auf dem Weg zu Oma Anna und Opa Bruno. Bei ihnen fühlte ich mich immer sehr wohl und geborgen.

Oma hatte Apfelkuchen und Kekse gebacken. Gemütlich saßen wir im geheizten Zimmer beisammen. Nach der Kaffeestunde war Oma ein wenig eingenickt. Das Strickzeug rutschte ihr vom Schoß. Diese Schlummerstunde hatte immer etwas Heimeliges und meine Gedanken wanderten zum bevorstehenden Weihnachtsfest: Wie würde es wohl in diesem Jahr werden? Ob sich vielleicht einige meiner Wünsche erfüllen?

Meine Aufregung war schon nicht mehr zu leugnen. Da fiel mir etwas ein, was ich schon auf dem Weg zu meinen Großeltern bemerkt hatte: Auf der langen Holzbank unter dem Hausdach lag kein Weihnachtsbaum wie sonst um diese Zeit.

Ich fragte Oma, die sich nach kurzem Wachschütteln wieder ihrem Strickstrumpf zugewandt hatte, nach ihrem Weihnachtsbaum. Würde er auch wieder auf der Kommode stehen, so wie jedes Jahr? Omas Antwort konnte ich nicht verstehen, als sie sagte: „Alte Leute brauchen keinen mehr." Was hatte das mit dem Alter zu tun? Und war nicht der Weihnachtsbaum das Allerwichtigste am Weihnachtsfest?

Das mit den Geschenken konnte daneben gehen, wie ich wusste. Die Eintracht mit der Familie am Weihnachtsabend hatte ebenfalls ihre Tücken – auch das wusste ich bereits. Auch das gute Essen und die süßen Leckereien hielten sich nicht lange.

Es war der Baum, der das Symbol für Weihnachten war. Der Baum mit all seinem Glitzerglanz und den leuchtenden Kerzen war es, der mich verzauberte und mir das Herz wärmte. Wie konnte man denn freiwillig auf so etwas Schönes verzichten? Nachts im Bett suchte ich nach einer Lösung für dieses Problem.

Da ich immer viel in der Natur herumstreifte, kannte ich einen Ort, wo eine geeignete junge Fichte stand. Am frühen Morgen schlich ich mich in die Werkzeugkammer meines Opas, um einen Fuchsschwanz zu suchen – das passendste Werkzeug, um einen Baum abzusägen. Die Säge steckte ich unter meine Jacke und verließ das Haus. Es war schon der 23. Dezember und somit „höchste Eisenbahn", um mit Omas Worten zu sprechen.

Zum Glück war die Dorfstraße leer und ich kam ungesehen auf den Weg zum Wäldchen. Auf keinen Fall wollte ich beobachtet werden, denn was ich vorhatte, war Diebstahl. Das ahnte ich wohl. Aber es war ja für einen guten Zweck. Der Weg bis zum Wald kam mir jedoch länger vor, als sonst.

Ich schritt eilig mit der Säge unter der Jacke voran, denn es dunkelte irgendwie schneller, als es mir recht war – und so schlug mein Herz immer wilder.

Als ich am Ziel angekommen war, suchte ich die kleine Fichte, die im Herbst noch hier gestanden hatte. Wo war sie nur? Es hatte etwas geschneit und Raureif lag über der Landschaft. Ich musste den Weg verlassen – und da plötzlich sah ich die kleine Fichte. Ich befreite sie vom Schnee. Der Stamm war dicker als ich dachte und die Säge machte ordentlich Lärm.

Doch, was war das? Ich hielt die Luft an und mein Herz wollte zerspringen vor Angst. Zu sägen getraute ich mich nicht mehr und so lauschte ich angespannt.

War es der Förster, der mich erwischt hatte? Waren es Wildschweine, deren Spuren ich im Herbst gesehen hatte? Die waren gefährlich, wie ich wusste.

Ich konnte nicht mehr richtig sehen, die Sonne war fast schon untergegangen. Geduckt saß ich neben dem Bäumchen und hörte auf das sich wiederholende Geräusch. Konnte es nicht der Weihnachtsmann sein? Man erzählte sich, er würde ganz in der Nähe wohnen, tiefer im Wald, am See.

Da. Es knackte. Diesmal erkannte ich jedoch, dass es aus dem Baumwipfel der hohen Akazie kam, wo der Wind im Geäst das unheimliche Geräusch verursachte. Was für eine Erleichterung! Schnell fing ich an zu sägen.

Endlich fiel der Baum. Doch bevor ich mich auf den Heimweg machte, versuchte ich die Spuren zu beseitigen, indem ich Laub und Gras über den kleinen Baumstumpf deckte, den mein Werk hinterließ.

Nun aber schnell nach Hause. Meine Finger konnten das Bäumchen und die Säge kaum noch halten, so erstarrt waren sie vor Kälte. Warum nur hatte ich nicht meine warmen Schafwollhandschuhe angezogen!

Aufgrund der Dunkelheit kam ich ungesehen ins Dorf zurück. Ich versteckte die Säge und stellte fest, dass die Haustür meiner Oma verschlossen war. Ich suchte einen Stock und klopfte an die erhellten Wohnzimmerfenster des Hauses.

Endlich bewegte sich die Gardine und alsbald wurde das Fenster geöffnet. Nach einem kurzen Blick, wer denn dort zu abendlicher Stunde um Einlass bat, öffnete Oma lächelnd, aber auch ein wenig erstaunt, die Haustür.

Sie wunderte sich über die ungewöhnliche Zeit meines Besuchs und noch mehr über mein Geschenk. Voller Freude überreichte ich mein Bäumchen und antworte etwas verlegen – aber wahrheitsgemäß – auf die Frage seiner Herkunft. Ich war etwas verunsichert und fürchtete bereits eine Standpauke. Da kam plötzlich Opa Bruno ins Zimmer und sagte: „Frau, dann hol mal die Kiste mit dem Baumschmuck vom Boden!"

Und so stand am 24. Dezember auch in der Stube meiner lieben Großeltern ein festlich geschmückter Weihnachtsbaum an seinem angestammten Platz auf der alten Kommode. Dort, wo sonst die Familienfotos standen. Ich war sehr zufrieden.

17

Bock auf
Weihnachten

von Magdalena Fuchs

Von Kindertagen an kannte ich es gar nicht anders: Am Heiligen Abend kam stets die ganze Familie zusammen. Sicher waren auch die kleinen Geschenke, die wir uns füreinander ausgedacht hatten, eine wunderbare Sache, aber das Wichtigste war unser Zusammensein, das Erzählen, uns in den Armen zu halten und unsere Liebe zu spüren. Ja, genau das – unsere Liebe zu spüren – machte für mich das eigentliche Weihnachtsgefühl aus.

Auch im Erwachsenenalter hielt ich an dieser Tradition fest, wenn auch nur noch im kleinen Kreis. Mittlerweile waren meine Eltern verstorben und mein Leben fand in der 1000 Kilometer entfernten Uckermark statt. So umarmten mein Mann und mein Sohn einander und mich am Heiligen Abend. Wir hatten uns – welch ein Segen!

Und plötzlich war da ein Jahr, von dem an auch mein Sohn nicht mehr den Heiligen Abend mit uns verbringen konnte. Da waren wir also plötzlich nur noch zu zweit. Doch es sollte noch schlimmer kommen.

An einem 24. Dezember drängte mein Mann bereits mittags zur Bescherung, weil er nach Berlin musste. Ich sollte also den Heiligen Abend ganz allein verbringen?

Der Gedanke war für mich kaum zu ertragen. Das passte ganz einfach nicht in meinen Kopf. Für meinen Mann war die Situation keineswegs besonders ungewöhnlich. Denn er hatte bereits viele Jahre vor unserer Ehe das Weihnachtsfest allein verbracht. So ließ ich ihn denn schweren Herzens ziehen, doch noch nie im Leben hatte ich mich so sehr allein gefühlt.

Ein paar Jahre zuvor hatte ich auf unserem Gehöft ein Ziegenböcklein aufgepäppelt, das von seiner Mutter aus einem Nachbardorf nicht ernährt werden konnte. Ich zog das kleine Geschöpf mit der Hand auf. Es bekam regelmäßig sein Fläschchen mit Milch, wurde von mir tagsüber auf Schritt und Tritt betreut und abends im Stall zu „Schlafe, mein Prinzchen, schlaf ein" in den Schlaf gesungen. Da blieb es nicht aus, dass ich eine enge Bindung zu dem Tier

aufbaute. Ich wage sogar zu behaupten, dieser, mein späterer Ziegenbock, kannte mich und mein Seelenleben in- und auswendig. Zur Verständigung reichten Blicke. Und wenn jemand behauptet, nur Hunde wären dazu imstande, der irrt!

An jenem besagten Heiligen Abend versorgte ich wie immer alle meine Stalltiere, jedoch dieses Mal tränenüberströmt. Als ich mit der Futterschüssel in den Stall von meinem „Prinzchen" kam, passierte etwas Merkwürdiges. Der mittlerweile ausgewachsene Zuchtbock kümmerte sich nicht um sein Futter wie sonst. Er sah mir direkt

ins Gesicht und schien etwas zu bemerken. Plötzlich erhob sich dieses große Tier, stellte sich auf seine Hinterbeine, legte mir seine Vorderbeine auf die Schultern und leckte mir die Tränen aus dem Gesicht.

Nun war mein „Prinzchen" ein sehr großer Bock, und das Gewicht seines massigen Körpers auf meinen Schultern entschieden zu viel für meine Kräfte. Unter befreitem Gelächter ging ich deshalb in die Knie und ließ mich am Boden seiner Box noch ein wenig von ihm liebkosen. Liebe pur!

Der Heilige Abend war gerettet.

Knopfauge
rettet Maja aus der Not

von Siegrid Dominik

Maja und Knopfauge waren beide sieben Jahre alt. Oma hatte der neugeborenen Maja bereits im Krankenhaus das selbst genähte Bärchen mit ins Bett gesteckt. Die Krankenschwester schnaubte: „Das Ding hat Knopfaugen. Erstickungsgefahr!" Oma suchte nach einem passenden Namen. Knopfauge!

Denn Knöpfe schmückten auch das Gesicht des Kleinen. In der Handarbeitskiste hatte sie für die Augen nur zwei verschieden große Exemplare gefunden. Das Bärchen schien ein Auge verschmitzt zuzukneifen. Maja und der Kuschelbär wurden Freunde. Die Kleine schleppte ihn überall mit hin. Ihr erstes gesprochenes Wort war „Noppa".

Einmal ging Knopfauge beinahe verloren. Ohne ihren Freund wollte Maja aber nicht zu Bett gehen. Papa fand ihn spätabends im Sandkasten. Ein Bein schaute noch heraus. Solche Ereignisse sorgten dafür, dass Knopfauge in der Waschmaschine Karussell fuhr. Maja saß davor und seufzte neidisch: „Noppa hat's gut."

Auf die Schule hatte sich Maja eigentlich sehr gefreut. Als ihr aber Mutti erklärte, dass ihr pelziger Freund zu Hause bleiben müsse, war es vorbei mit Majas Vorfreude. Betteln. Trotz. Tränen.

Die Eltern erklärten sich zu einem Kompromiss bereit: „Knopfauge darf dich begleiten. Aber er muss in deiner Schultasche bleiben. Du darfst niemandem von ihm erzählen!" Maja hielt ihr Wort. Bis zu jener Klassenweihnachtsfeier.

Sie war begeistert von der Idee, ein anderes Kind zu beschenken. Anfang Dezember hatte die Lehrerin alle Kinder gebeten, ihre Namen auf Zettelchen zu schreiben. Die wurden gefaltet und durcheinandergeschüttelt. Dann durfte jedes Kind unter dem Gebot des Schweigens ein Los ziehen. Maja entfaltete ihren Zettel. „Linus" stand da hingekrakelt. Linus? Den konnte sie doch kein bisschen leiden! Sogar eine blutige Nase hatte Maja von ihm einstecken müssen. Aus der Enttäuschung wuchs in ihrem Bauch eine dicke Wut heran.

Ihre Mutti kaufte für das Päckchen kleine Zootiere. Die ließ Maja in ihrem Schreibtisch verschwinden. Dann umwickelte sie einen leeren Schuhkarton mit glänzendem Papier. Mutti half ihr dabei, eine farbige Schleife darum zu binden.

Der Hausmeister-Weihnachtsmann überreichte jedem der Kinder aus dem Sack ein Geschenk. Sogleich ging es ans Auspacken. Staunen. Lachen. Jubelrufe. Nur einer weinte dicke Tränen. Linus! Lehrerin und Kinder umringten den traurigen Jungen.

„Wer hat Linus diesen gemeinen Streich gespielt", fragte die Lehrerin und schaute zornig in den leeren Karton. „So eine Gemeinheit", riefen die Schüler. Maja wünschte sich, unsichtbar zu sein.

Hatte nicht Oma einmal gesagt, es gäbe auch weiße Lügen? In ganz großer Not dürfe man schwindeln? Maja griff in ihre Schultasche, hielt Noppa in der Hand und sagte dann ganz leise: „Entschuldige Linus. Ich hatte vergessen, das Geschenk in die Kiste zu legen. Bitte schön."

19.

Geboren ist uns ein
Kindelein

von Sigrid Marschner

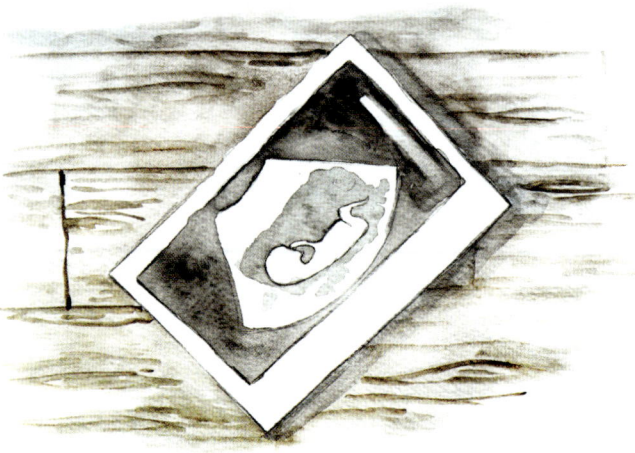

Eigentlich war es wie in all den Jahren vorher auch: Unter dem strahlenden Weihnachtsbaum saß die Familie: die vier Söhne mit mir, ihrer Mutter. Die Söhne waren längst erwachsen geworden. Dass sie dennoch am Heiligen Abend in ihr altes Zuhause gekommen waren, erfüllte mich mit Freude.

Die Bescherung war schön, wie auch in den Jahren zuvor – mit Hausmusik, Gesang, dem Lesen der Weihnachtsbotschaft, dem Denken an alle lieben Verwandten und Freunde in der Ferne und natürlich mit dem Austauschen der Geschenke.

Am Ende unserer Bescherungen stand immer das Kosten meiner selbst gebackenen Kekse und Pfefferkuchen. So steckte ich mir genüsslich und glücklich einen ersten Keks in den Mund, lehnte mich zurück, lauschte der leisen Musik im Hintergrund, schaute auf die zahlreichen Geschenke und hing ein wenig meinen Gedanken nach.

Es gab da so einen heimlichen Wunsch, den Wunsch, endlich Oma zu werden. Aber ich war weise genug, ihn nie allzu laut zu äußern. Denn die Erfüllung dieses Wunsches hing doch von unendlich vielen unbeeinflussbaren Faktoren ab.

„Zu Bethlehem geboren ist uns ein Kindelein" – ganz sicher erklang an jenem Abend auch dieses Lied, nur nicht gerade in dem Augenblick, als einer meiner Söhne plötzlich aufstand und mir einen Briefumschlag mit den Worten überreichte: „Hier ist noch ein Geschenk für dich!"

Ich öffnete den Umschlag. Er enthielt das Ultraschallbild eines noch ungeborenen Kindes – meines ersten Enkelkindes!

Ihr Kinderlein kommet

Christoph von Schmid (1854) – gekürzte Fassung

1. Ihr Kin - der - lein kom - met, o kom - met doch all'! Zur Krip - pe her kom - met in Beth - le - hems Stall. Und seht, was in die - ser hoch - hei - li - gen Nacht der Va - ter im Him - mel für Freu - de uns macht.

2.

O seht in der Krippe, im nächtlichen Stall,

seht hier bei des Lichtleins hellglänzendem Strahl,

den lieblichen Knaben, das himmlische Kind,

viel schöner und holder, als Engelein sind.

3.

Da liegt es – das Kindlein – auf Heu und auf Stroh;

Maria und Josef betrachten es froh;

die redlichen Hirten knie'n betend davor,

hoch oben schwebt jubelnd der Engelein Chor.

Der neugierige Weihnachtsigel

von Klaus Pietler

Das Jahr 2006 war schon bis Ende November fortgeschritten. Wie zu dieser Jahreszeit üblich, erledigte ich im Garten die letzten Arbeiten in Vorbereitungen auf die Winterruhe. Als ich die Blätter hinter der Laube zusammenfegte, bemerkte ich eine kleine, runde Kugel.

Beim genaueren Betrachten stellte ich fest, dass es ein kleiner Igel war. Ich nahm ihn in meine Hand und konnte sein klopfendes Herz spüren. Er fauchte mich böse an. Sofort war mir klar: Diesem winzigen Igel musste geholfen werden, damit er den bevorstehenden Winter überleben konnte.

Gesagt, getan. Und so entschloss ich mich, ihn mit nach Hause zu nehmen und ihm auf unserem Balkon ein Igel-gerechtes Winterquartier einzurichten.

Als ich meiner Frau den stacheligen Besucher zeigte, hatte er sofort ihr Herz erobert. Wir holten eine stabile Holzkiste aus dem Keller, kleideten sie mit Stroh aus und legten in eine Ecke Reste eines noch gut erhaltenen Schafspelzes, damit er sich einen warmen Schlafplatz einrichten konnte. Natürlich bekam er auch einen Fressnapf und eine Schale mit Wasser. Aber womit sollten wir ihn füttern? Wir hatten schon mehrmals gehört, dass Igel gerne Äpfel fressen und so legten wir ihm kleine Apfelstückchen in den Napf. Doch weit gefehlt! Diese beschnupperte er zwar, aber gefressen hat er sie nicht. Damit brachte uns der kleine Kerl ganz schön in Verlegenheit.

In unserer Not versuchten wir es mit anderen Nahrungsmitteln aus dem Haushalt. Das war der Durchbruch! Denn unser neuer Mitbewohner entpuppte sich als echte Naschkatze. Er fraß mit Vorliebe kandierte Kirschen, Gehacktes, Nüsse – und auch Vollmilchschokolade verspeiste er laut schmatzend. Als der Igel bei uns einzog, wog er genau 172 Gramm und hätte so den Winter nicht überlebt. Nach zwei Wochen in unserer Obhut brachte er bereits 311 Gramm auf die Waage und sein Appetit steigerte sich weiter zusehends.

Täglich fuhr ich zum Garten und buddelte im Komposthaufen nach Regenwürmern, Schnecken, Käfern, Larven, die ganz oben auf seiner Speisekarte standen. Mitte Dezember bemerkten wir, dass er nachts nicht mehr aus seiner Schlaftasche herauskam. Denn als nachtaktives Tier bewegte er sich vorwiegend in der dunklen Tageszeit. Es gab nur eine Erklärung: Er hatte sich in den Winterschlaf begeben.

Am Heiligabend war meine Frau auf dem Balkon, um nach unserem Max – so hatten wir den Igel getauft – zu sehen. Aber er schlief tief und fest in seinem warmen Bettchen. Sie sagte so ganz nebenbei zu ihm: „Also Max, wenn ich ein Igel wäre, dann würde ich heute am Weihnachtsabend aufwachen und von der Schokolade naschen", die wir stets für ihn bereithielten.

Es war an eben diesem Abend so gegen 22 Uhr. Die Enkelkinder lagen schon im Bett und wir Erwachsenen saßen noch in fröhlicher Runde zusammen. Da hörte meine Frau auf dem Balkon Geräusche…

Und wer stand dort vor dem Fenster? Unser Max! Sie öffnete die Tür und herein kam der kleine Igel. Er bewegte sich zwar etwas taumelig, aber er war zutraulich und wir konnten ihn sogar streicheln. Mit großer Freude gaben wir ihm einige Rosinen und zwei Stückchen Schokolade, die er mit sichtlichem Appetit verspeiste. Danach watschelte er zurück zum Balkon und verkroch sich wieder in seine Schlafnische.

Erst am 12. März haben wir ihn dann wiedergesehen. Er war aus dem Winterschlaf erwacht und hatte natürlich großen Hunger. Eine Woche später siedelte ich ihn wieder in den Garten um. Danach haben wir Max nur noch selten gesehen.

Doch vergessen haben wir ihn nicht. Immer, wenn die Familie zu Weihnachten gemeinsam feiert, kommt prompt die Frage: „Könnt ihr euch noch an das Weihnachtsfest 2006 erinnern, als unser Igel Max am Heiligabend Vollmilchschokolade vernascht hat?". Ja, wir können uns alle daran erinnern. Denn wer wird denn eine solche Weihnachtsgeschichte aus dem Gedächtnis verlieren? Wir nicht!

21

Ein letzter
gemeinsamer Weihnachtsabend

von Horst Banczyk

Es ist schon sehr lange her. Es war der Weihnachtsabend 1969. Doch für mich bleibt er unvergessen. Wie jedes Jahr half ich meinem Bekannten, die Weihnachtsbäume an den Mann und die Frau zu bringen. Heiligabend war zwar nicht der längste Verkaufstag, aber abends war stets das große Aufräumen angesagt – und somit wurde es immer recht spät, bis es schließlich nach Hause ging.

Endlich war ich umgezogen und fertig für den bevorstehenden Weihnachtsabend bei meinen Großeltern. Mit den Geschenken unter dem Arm ging es rasch zum Auto.

Es schneite bereits ganz leicht und das Weihnachtsgefühl wurde immer intensiver. Als ich schließlich losfahren wollte, sah ich unseren Nachbarn ganz allein an der Straßenbahnhaltestelle stehen.

Um diese Uhrzeit fuhr doch an diesem Tag nichts mehr. Was machte er dort? Er hatte bestimmt vergessen, dass zu Weihnachten Bus und Straßenbahn nur sehr eingeschränkt fuhren. Ich ging zu ihm und bot ihm an, ihn auf meinem Weg in die Stadt mitzunehmen. Er nahm dankend an, setzte sich zur mir ins Auto und winterlich bedächtig ging es in Richtung Stadt.

Er sprach kein Wort und schaute nur stumm auf die immer weißer werdenden Straßenzüge. Nach einer ruhigen und – abgesehen vom Motorgeräusch – lautlosen Autofahrt erreichten wir die Stadt.

Mit der Frage, wo ich ihn denn absetzen könnte, unterbrach ich die Stille. „Bitte an der nächsten großen Straßenkreuzung, denn dann ist es nicht mehr ganz so weit zum Zentralkrankenhaus", antwortete er. Ich war überrascht, an alles hätte ich gedacht, aber nicht, dass das Ziel unseres Nachbarn das Hospital sein sollte.

Der kleine Umweg über das Krankenhaus machte meine Verspätung bei der Familie auch nicht viel größer – und somit beschloss ich, meinen Mitfahrer direkt an sein Ziel zu bringen, ohne es ihm zu sagen. Überrascht schaute mich deshalb mein Nachbar an, als er Minuten später das Krankenhaus in Reichweite sah.

Als er ausstieg, bedankte er sich herzlich bei mir, nahm den Strauß Blumen und das Weihnachtspäckchen, das er dabei hatte, und schaute kurz hinauf in den weihnachtlichen Abendhimmel.

Ich wollte gerade losfahren, als sich mein Nachbar umdrehte und wieder zurück zum Auto kam. Er bat mich, auszusteigen. Als ich vor ihm stand, umarmte er mich mit den Worten: „Gesegnete Weihnacht und recht herzlichen Dank für einen letzten gemeinsamen Weihnachtsabend."

Mit einem ganz leichten Lächeln drehte er sich um und verschwand im weihnachtlich geschmückten Eingangsportal des Krankenhauses.

Erst die wortlose Fahrt, dann diese Reaktion; meine Gedanken suchten nach einer Erklärung, aber ohne Erfolg.

Ein paar Tage später begegneten wir uns wieder. Mein Nachbar kam erneut auf mich zu und ich konnte sehen, dass sein Gesicht von Traurigkeit gezeichnet war. Dennoch sagte er in sehr klaren Worten zu mir: „Junger Mann, noch einmal recht vielen herzlichen Dank. Sie haben es möglich gemacht, dass meine Frau und ich einen letzten gemeinsamen Weihnachtsabend begehen konnten. Leider kann sie sich nicht mehr persönlich bei Ihnen bedanken."

Auch am kommenden Heiligabend wird – wie jedes Jahr seither – dieses Weihnachtserlebnis wieder zu meiner ganz persönlichen Erinnerung gehören.

Den richtigen Ton finden

von Matthias Diekhoff

D as Schöne am Leben auf dem platten Land ist unter anderem, dass man zu Nikolaus schon sieht, wer Weihnachten zu Besuch kommt und dementsprechende Maßnahmen oder die Flucht ergreifen kann. Es ist natürlich nicht so, dass Besuch prinzipiell unwillkommen wäre, nur eben nicht gerade zu Weihnachten, wenn es so viel anderes zu tun gibt – nämlich ganz genau *gar nichts*.

Also *gar nichts* im Sinne von auf dem Sofa liegen, gute Schokolade essen und Märchenfilme gucken. Da will man doch niemanden dabei haben, der sich nach dem werten Befinden erkundigt, und dem man ehrlich antworten müsste: Es ginge mir super, wenn Du nicht da wärst. Dann könnte ich nämlich auf dem Sofa ...

Leider gibt es nur wenige Besuche, die sich über so ehrliche Antworten richtig doll freuen können. Also schaltet man den Fernseher aus, sitzt halbwegs aufrecht auf dem Sofa und guckt zu, wie der Besuch die gute Schokolade wegfuttert.

Inzwischen hat man nun schon ein gutes Dutzend Mal tief Luft geholt, schwer ausgeatmet und minutenlang an die Zimmerdecke gestarrt. Es wird gleich dunkel, der Besuch ist immer noch da und es kostet schon unendlich viel Anstrengung bei der Frage „Wollt ihr länger bleiben" den richtigen Ton zu finden und das Wörtchen „etwa" nicht einzufügen.

Wenn der Besuch dann endlich weg ist, kann man sich ja mal darüber Gedanken machen, worum es bei Weihnachten eigentlich geht und warum man so fertig ist, dass man niemanden mehr sehen will.

Es geht nämlich nicht um das, was einen vorher schon verrückt macht: Die besten Geschenke, die schönste Tanne und die fetteste Gans. Es geht tatsächlich eher darum, Zeit mit Leuten zu verbringen, die man mehr oder weniger mag. Vermutlich ist es sogar weihnachtlicher, es mit den Leuten zu tun, die man weniger mag. Die anderen sieht man ja sowieso das ganze Jahr über.

23.

Die verschenkte Käsehitsche

von Heinrich Leumer

Es war der Winter 1945/46 in einer kleinen Stadt in Sachsen. Wir wohnten an einem winzigen Berg. Unsere Mutter lebte mit uns drei Kindern alleine. Wir waren arm. Aber wir besaßen drei Schlitten. Einen großen, den Onkel Otto – ein Schmied und Stellmacher – in seiner Freizeit für uns gebaut hatte. Dieser Schlitten war so stabil, dass man damit die Kohlen beim Händler holen konnte. Dann hatten wir von Nachbarn, deren Kinder schon groß waren, noch einen kleinen Schlitten geschenkt bekommen.

Und ich – als Jüngster – besaß eine „Käsehitsche". Für Nichtsachsen muss das Wort sicher erklärt werden: Das ist ein Gestell aus drei Brettern – eines oben zum Sitzen, sowie zwei, die rechts und links aufrecht am obersten Brett befestigt sind. Ganz vorn gibt es dann noch einen kleinen Metallsteg, an dem man den Strick zum Ziehen anbringen konnte.

In unsere Kirchengemeinde kamen Leute aus Schlesien – der Begriff „Vertriebene" war mir auch schon bekannt. Sie hatten einen Jungen, der keinen Schlitten besaß. Für mich war es selbstverständlich, dass dieser Junge meine „Käsehitsche" bekam.

Seine Eltern waren so erfreut, dass sie es in der ganzen Kirche erzählten. So bekam es auch die Leiterin der Sonntagsschule mit, die allen sogleich von der „guten Tat" berichtete. Dies war mir furchtbar peinlich.

Noch peinlicher wurde es, als wir während eines Sommerurlaubs eben diesen Jungen – der später mein Freund wurde – besuchten und er die „gute Tat" nach Jahrzehnten noch erwähnte.

Stille Nacht, heilige Nacht!

Joseph Mohr (1818) – gekürzte Fassung

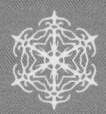

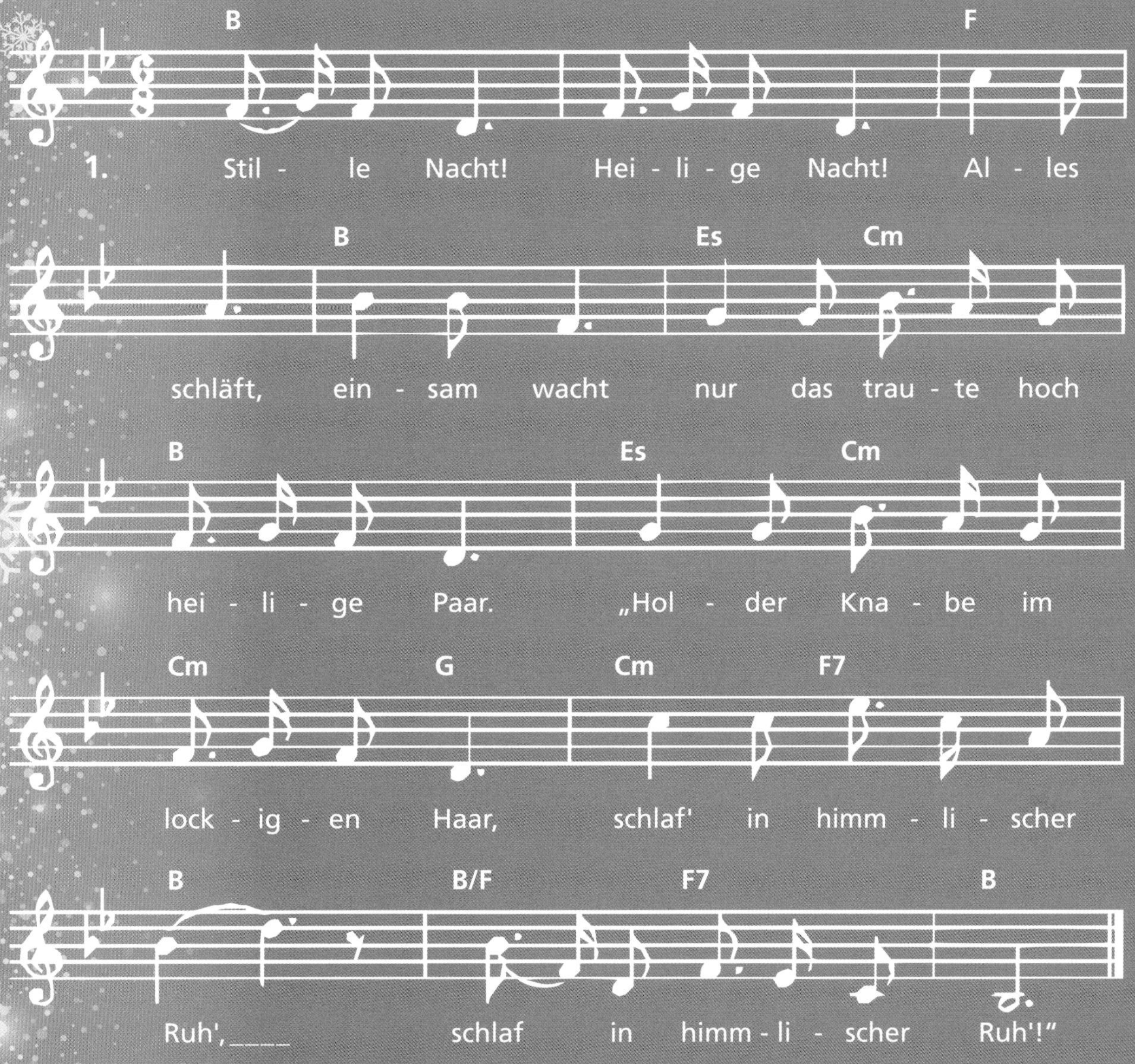
B F
1. Stil - le Nacht! Hei - li - ge Nacht! Al - les
B Es Cm
schläft, ein - sam wacht nur das trau - te hoch
B Es Cm
hei - li - ge Paar. „Hol - der Kna - be im
Cm G Cm F7
lock - ig - en Haar, schlaf' in himm - li - scher
B B/F F7 B
Ruh',____ schlaf in himm - li - scher Ruh'!"

2.

Stille Nacht! Heilige Nacht!
Gottes Sohn, o wie lacht
lieb' aus deinem göttlichen Mund,
da uns schlägt die rettende Stund':
Jesus in deiner Geburt.
Jesus in deiner Geburt.

3.

Stille Nacht! Heilige Nacht!
Die der Welt Heil gebracht,
aus des Himmels goldenen Höh'n
uns der Gnade Fülle lässt sehn:
Jesum in Menschengestalt.
Jesum in Menschengestalt.

De stille Oabend
Der stille Abend

von Marianne Paschen

24

Dat wier een Oabend vör välen, välen Joahren in de Vörwiehnachtstied. Snei leeg all 'ne ganze Weil, dat wier all'n poor Doag klor un kolt. Un de Maand schiente an dissen Oabend so hell, dat mi dat no buten drew. Ick reep minen Hund, at wier so'n flinken, lütten schwatt – witten Jagdterrier, „Heidi" hett he heten. He freugte sik bannig, dat he noch eis ruter keem, un ick güng mit em de Dörpstraat daal.

Keen Lichtschien fööl von de hüser noh buten, denn dat wier de Tied, de sik „Krieg" nömte. Üm so heller wier de Maand schien, allet wie ganz dütlich to seihn, un de schwatten Schatten wieren kloor afgrenzt. Ünnen, an'n Dörpkraug krüzte sik de Dörpstraat mit de Chaussee. Mine Heidi wier all rechts afbögt, leep all'n Stück up de Chaussee rup, un ick achteran. Wier jo egol, wo wi langspazierten. Dor wier kein Minsch, dor führte kein Auto, dor künn uns goarniks passieren.

Es war ein Abend vor vielen, vielen Jahren in der Vorweihnachtszeit. Es lag schon eine ganze Weile Schnee. Die Tage waren klar und kalt. Der Mond schien hell an diesem Abend, so hell, dass es mich nach draußen zog. Ich rief meinen Hund, einen flinken, kleinen, schwarzweißer Jagdterrier namens Heidi. Er freute sich sehr, dass er nochmal raus kam und ich ging mit ihm die Dorfstraße entlang.

Kein Lichtschein fiel aus den Häusern nach draußen, denn es war Krieg. Umso heller schien der Mond. Alles war ganz deutlich zu sehen, und die schwarzen Schatten grenzten sich klar ab. Unten an der Dorfkirche kreuzte die Dorfstraße mit der Chaussee. Meine Heidi war bereits rechts abgebogen. Sie lief ein ganzes Stück die Chaussee hinaus und ich folgte ihr. Es war eh egal, wo wir entlangspazierten. Hier war kein Mensch, kein Auto, uns konnte gar nichts passieren.

Na dörtig, viertig Schritt blew ick överrascht stoahn! Dörch de Bööm wie'ne stroahlende Helligkeit so seihn! Ick künn nich anners – ick wäuhlte mi dörch den'n verschnieten Chausseegroaben, un stünn nu up de Grabenburd: Vör mi leeg de grote, wittverschniegte Preisteracker, vull von den'n Maandschien överflutet!
Un up den'n Snei glitzerte un blinkerte dat, as wenn dor Millionen Diamantenspletter leegen, und at seeg so ut, as wenn de Maand ümmer mihr herunner schickte.

De lütten Stierns haren Mäuh dorgegen antoblinkern, aver hoch un kloor stünnen de groten Winterstierbiller vör den'n düsterblagen Häben: De Orion, grot un dütlich mit de drei Gürtelstierns, dat Himmels-W, de grote Woagen. Ick keek, ob dar Reiterlein ok dor wier. Ick künn mi goar nich satt seih'n. „Hohe Nacht der klaren Sterne, die wie weite Brücken steh'n" – dit Lied hebben wi veel un giern sungen, un nu har ick se vör mi, de „Hohe Nacht der klaren Sterne", un de hürte mi ganz alleen. Mi keem dat so vör, as wenn dit all de richtige Wiehnachtsoabend wier.

Man de Andacht duerte nich lang: Mine Heidi stünn mitdewiel näben mi, un hippelte mit den'n lütten Stummelstert mächtig he nu her.

Nach dreißig, vierzig Schritten blieb ich überrascht stehen. Durch die Bäume schien es strahlend hell. Ich konnte nicht anders. Ich wühlte mich durch den verschneiten Chausseegraben und stand nun auf dem Hang: Vor mir lag ein Pfarracker, überflutet vom Mondschein. Der Schnee glitzerte und funkelte, als sei er mit Millionen Diamantensplittern übersät und es sah so aus, als würde der Mond immer mehr davon zur mir herunterschicken.

Die kleinen Sterne hatten ihre Mühe, dagegen anzuleuchten, aber die großen Wintersternbilder standen hoch und klar am dunklem Himmel: Orion mit seinen drei Gürtelsternen, das Himmels W und der große Wagen. Ich schaute, ob der Reiter auch zu finden war und konnte mich gar nicht satt sehen. „Hohe Nacht der klaren Sterne, die wie weite Brücken stehen", dieses Lied haben wir oft und gern gesungen. Nun hatte ich sie vor mir, diese „Hohe Nacht der klaren Sterne" – und sie gehörte mir ganz allein. Mir kam es so vor, als ob das der wahre Weihnachtsabend war.

Aber der Moment hielt nicht lange an. Meine Heidi stand mittlerweile neben mir und wedelte aufgeregt mit ihrer kleinen Rute hin und her.

Un mit eis sprüng se up de witte Pracht, beet in den'n Snei, scheeste up den'n Acker rup, keem wedder trüch gescheest, blaffte mi an, as wull se seggen: „Watt steihst Du hier so dömlich rüm, moak doch mit!"

Un nu leep ick mit minen lütten Hund över dat witte Glitzerfeld, he kreiste ümmer üm mi rüm un moakte Lärm för drei. Un wenn dor nich de grote Heck west wier, de bet no'n Busch rup güng, denn wier'n wi woll noch wieder lopen. Nu güng dat üm den'n Dieck rüm, den'n Koppelweg lang, von achtern över'n Hoff nah Hus.

As ick dörch den'n Windfang in de Kök rinkeem, wier min Mudder noch bi`t wirtschaften. Ick vertellte ehr, wo schön dat buten is, aver ok bannig kolt. Min Mudder antwurte min ich, se seggte man: „Und in Russland ist es noch kälter." Dor schütt mi dat den'n Buckel doal, u nick wier wedder in de Wirklichkeit.

Un denn keem de Tied, dor wier wedder Freeden, un wi dachten: Sowat kümmt nu nich wedder! Un wi freugten uns to Wiehnachten up den'n Sirupkauken.

Un hüt? Hüt kieken wi mitunner ganz verbiestert in de Weltgeschicht rinner, väles is nich to begriepen, dorbi hem wi uns soväl Mäuh gäben.

Und auf einmal sprang sie in die weiße Pracht hinein, tobte über den Acker, kam wieder zurück und bellte mich an, als würde sie sagen wollen: „Was stehst du hier so dämlich herum, mach doch mit!"

Und dann lief ich mit meinem kleinen Hund über das weiße Glitzerfeld, er kreiste immer um mich herum und machte einen Lärm für drei. Wäre nicht die große Hecke gewesen, wären wir wohl weitergelaufen. Nun ging es um den Teich herum, den Koppelweg entlang, schnell von hinten über dem Hof nach Hause.

Als ich durch den Windfang in die Küche reinkam, war meine Mutter noch am Wirtschaften. Ich erzählte ihr, wie schön es draußen war, aber auch bitterkalt. Meine Mutter antwortete nur: „Und in Russland ist es noch kälter." Da lief es mir kalt den Rücken runter und ich war wieder in der Wirklichkeit.

Und dann kam die Zeit, da ward es wieder Frieden und wir dachten: So etwas wird nie wieder passieren! Und wir freuten uns zur Weihnachtszeit auf den Sirup-Kuchen.

Und heute? Heute gucken wir mitunter ganz verbissen in die Weltgeschichte rein, vieles ist nicht zu begreifen, dabei haben wir uns so viel Mühe gegeben.

Un wat moaken wi mit dat Wiehnachtsfest? Wi wäuhlen mang de Geschenke rümmer, di tun dat noch sin uns doch mitunner goar nich nödig. In de gröttste Wäuhlerie denk ick oft an minen stillen Oabend up den'n witten Acker. An dat Glitzern, an de Helligkeit un an den'n Freeden!

Un dissen Freeden wünschen wi uns all för uns eigen lütte Welt, för de Umgäbung. In uns Hus. De Freedensbotschaft darf uns nich verloren goahn! Freeden un Leiw, dat bruken wi all, Freeden und Leiw! Un nich nur in de Wiehnachtstied!

Und was machen wir mit dem Weihnachtsfest? Wir wühlen in den vielen Geschenken herum, die wir eigentlich gar nicht brauchen. Bei dem ganzen Chaos denke ich oft an den stillen Abend auf dem weißen Acker zurück. An das Glitzern, an die Helligkeit und an den Frieden.

Und diesen Frieden wünschen wir uns alle für unsere eigene kleine Welt, für die Umgebung. In unserem Haus. Diese Friedensbotschaft darf uns nicht verloren gehen! Frieden und Liebe, das brauchen wir alle. Nicht nur in der Weihnachtszeit.

Die Heiligen Drei Könige

Heinrich Heine (1797-1856)

Die Heiligen Drei Könige aus dem Morgenland,
Sie frugen in jedem Städtchen:
„Wo geht der Weg nach Bethlehem,
Ihr lieben Buben und Mädchen?"

Die Jungen und Alten, sie wußten es nicht,
Die Könige zogen weiter,
Sie folgten einem goldenen Stern,
Der leuchtete lieblich und heiter.

Der Stern bleibt stehn über Josefs Haus,
Da sind sie hineingegangen;
Das Öchslein brüllt, das Kindlein schrie,
Die Heiligen Drei Könige sangen.

„Fröhliche Weihnacht
überall"

Traditionen und Bräuche weltweit

Weihnachten ist nicht nur das Fest der Liebe,
sondern auch das Fest der Sinne. Es gibt keine anderen
Feiertage, die so duften, schmecken und leuchten.
Doch schon beim Nachbarn kommen neue Leckereien auf
den Tisch und verbreiten unbekannte, geheimnisvolle
Gerüche. Andere Familientraditionen sorgen für andere
Empfindungen. Wie fühlt sich Weihnachten anderswo an?
Dieses Kapitel verrät es auf einer kleinen Weltreise.

Das Kind in der Krippe

Über die Weihnachtsgeschichte

„Es begab sich aber zu der Zeit,
dass ein Gebot vom Kaiser Augustus ausging,
dass alle Welt geschätzt würde.“

Für viele Menschen beginnt mit diesen Worten der Heiligabend. Die Aufregung der vorweihnachtlichen Tage legt sich langsam. Besinnlichkeit kehrt ein, im Kerzenlicht, in der Kirche. Der Zauber von Weihnachten ist spürbar – der Zauber der Geburt Jesu Christi.

Die Geschichte vom Kind, das in die Krippe gelegt wird und die Welt verändert, erzählen in der Bibel die beiden Evangelisten Lukas und Matthäus. Berichtet wird von einer Begegnung, aus der Veränderung, Mut, Hoffnung und Lebensfreude erwächst. Doch wer sind die Hauptfiguren in dieser bedeutenden Erzählung?

Josef

Josef ist von Beruf Zimmermann und mit Maria verlobt. Als sie schwanger wird, offensichtlich nicht von ihm, gerät er in eine Krise. Er will sich trennen, sie mit dem Kind sitzen lassen. Doch ein Engel erscheint ihm im Traum. Und von da an stellt er sich ganz klar zu Maria und dem Kind, mit all den Merkwürdigkeiten, die diese Empfängnis umranken.

Oft erscheint Josef als Nebenfigur, wird fast stiefmütterlich behandelt, und ist doch von großer Bedeutung. Er hat die Kindheit und Jugend Jesu geprägt und ist derjenige, der für das Überleben der Familie sorgt. Josef kümmert sich um die hochschwangere Maria auf der langen Reise von Nazareth nach Bethlehem. Israel ist als römische Provinz dem Kaiser Augustus unterstellt, der zur Volkszählung aufgerufen hat. „Und jedermann ging, daß er sich schätzen ließe, ein jeglicher in seine Stadt", heißt es in der Bibel. Es geht vom Norden in den Süden Israels, über 150 Kilometer – als müsste man heute von Neubrandenburg nach Potsdam laufen.

> **Wissenslücke:**
> Etwa 10% der Deutschen wissen gar nicht, warum überhaupt Weihnachten gefeiert wird.
> Das ändert sich hoffentlich in diesem Jahr mit diesem Buch…

Maria

Mit Gottvertrauen begibt sich Maria auf den schweren Weg. Sie ist aber nicht einfach ihrem Schicksal ergeben, sondern geht mit mutigen Schritten voran. Als sie von ihrer Schwangerschaft erfährt, besucht sie ihre Cousine Elisabeth, die auch gerade ein Kind erwartet und tauscht sich mit ihr aus. Elisabeth bestärkt Maria in ihrem Zutrauen.

Maria selbst wurde zuvor von einem Engel besucht, der sie als „Begnadete" begrüßte. Er kündigte ihr die Geburt von Gottes Sohn an. Und als Maria einwandte, dass sie Jungfrau sei, fügte er hinzu: „Der Heilige Geist wird über dich kommen." Maria ist auch nach der Geburt ihres Kindes von einer Art positiven Klarheit erfasst. Als die Hirten verkünden, dass Jesus der Heiland, Christus, ist, wundern sich alle Leute. „Maria aber behielt alle diese Worte und bewegte sie in ihrem Herzen."

Gastwirte

Die Menschen in Bethlehem kommen im Krippenspiel oft nicht gut weg. Sie sind es, die dem Paar zu später Stunde die Tür vor der Nase zuschlagen. Als letzter Unterschlupf bleibt nur ein Stall. Hotels gab es noch nicht. Auch eine richtige Unterkunft wäre eher eine Art Massenschlafzimmer gewesen. Josef und Maria im Stall unterzubringen, ist daher Ausdruck echter Fürsorge. So findet die Geburt an einem geschützten Ort statt.

Der Stall

In der Bibel ist gar nicht von einem Stall, sondern nur von der Krippe, in die Jesus gelegt wird, die Rede. Es heißt: „Und sie gebar ihren ersten Sohn und wickelte ihn in Windeln und legte ihn in eine Krippe; denn sie hatten sonst keinen Raum in der Herberge." Daraus wurde gemeinhin auf einen Stall geschlossen, der in Bethlehem jedoch ganz anders aussah als hier – es war eher eine Art Höhle oder Grotte im Fels. Da er nicht genau beschrieben wurde, kann sich jeder den Stall genauso vorstellen, wie es in seine Welt passt. Die erbärmlichen Verhältnisse, die armen Eltern, die ersten Besucher, die eher am Rande der Gesellschaft stehen, und ausgerechnet hier geschieht etwas Einzigartiges: Ein König wird geboren.

Der Stern

Himmelsphänomene galten in vielen Hochkulturen des Altertums als Hinweis auf große Ereignisse. Der Stern von Bethlehem ist auf vielen Bildern als eine Art Komet mit Schweif dargestellt und nimmt auf den Halleyschen Kometen Bezug. Eine andere Theorie ist die sehr seltene dreifache Jupiter-Saturn-Konjunktion im Zeichen der Fische. Jupiter sei der Stern des babylonischen Gottes Marduk gewesen, Saturn stand für das jüdische Volk und der westliche Teil des Fischezeichens für Palästina.

Die Weisen aus dem Morgenland

Der helle Stern im Morgenland wird von den Weisen entdeckt und als Geburt des Königs der Juden gedeutet. Sie machen sich auf den Weg, um ihn zu suchen. Sie gehen dorthin, wo sie Herrschaft und Macht vermuten – nach Jerusalem – werden dort aber nicht fündig. König Herodes erschrickt „und mit ihm das ganze Jerusalem", so heißt es im Matthäus-Evangelium.

Er fühlt sich in seiner Macht bedroht und ersinnt eine List: Er weist die Weisen an, weiter gen Bethlehem zu gehen: „Ziehet hin und forschet fleißig nach dem Kindlein; wenn ihr's findet, so sagt mir's wieder, dass ich auch komme und es anbete." In Wirklichkeit will er das Kind jedoch töten lassen. Die Weisen folgen dem Stern bis zur Krippe und beschenken das Kind mit Gold, Weihrauch und Myrrhe. Doch sie kehren nicht mehr zu Herodes zurück, weil Gott ihnen im Traum erschien.

> **Die Weihnachtskrippe**
> … ist darauf zurückzuführen, dass der Heilige Franz von Assisi zu Ehren des Jesuskindes die Weihnachtsgeschichte mit echten Tieren und Menschen nachspielen ließ. Mit Krippen-Miniaturen wird der Geist der Weihnachtsgeschichte in jedem Zuhause zum Leben erweckt.

Die Hirten

Die Allerersten, die von der Geburt Jesu erfahren, gehören zu den Ärmsten der Armen. Es sind Hirten, Tagelöhner „in derselben Gegend auf dem Felde, die hüteten des Nachts ihre Herde", heißt es im Lukas-Evangelium. Sie folgen den Worten der Engel und suchen das Kind in der Krippe. Sie sind die Ersten, die von Jesus berührt werden. Und das in positiver Weise. Sie spüren Liebe und Barmherzigkeit. Die Hirten gehen in die Welt und verbreiten die gute Nachricht, „sie breiteten das Wort aus" und ließen sich nicht davon stören, dass sich die Leute darüber sehr wunderten.

Engel

Der Engel des Herrn erscheint den Hirten und versetzt sie erst einmal in Furcht. Deshalb sagt er: „Fürchtet euch nicht! Siehe, ich verkündige euch große Freude, die allem Volk widerfahren wird. Denn euch ist heute der Heiland geboren, welcher ist Christus, der Herr, in der Stadt Davids. Und das habt ihr zum Zeichen: Ihr werdet finden das Kind in Windeln gewickelt und in einer Krippe liegen." Der Wortbedeutung nach ist der Engel nur ein Bote, aber manchmal bedarf es eben ganz besonderer Boten, um wichtige Botschaften zu verkünden.

Jesus

Das Kind in der Krippe ist gerade erst auf der Welt, als es Menschen zusammenbringt und im Innersten bewegt. Jesus bringt in die Welt, was heute in weiten Teilen selbstverständlich ist: Menschenrechte und Demokratie, die Botschaft, dass vor Gott alle Menschen gleich sind, und damit auch ein neuer Umgang mit Minderheiten. Frauen, Fremde, Menschen am sozialen Rande rücken plötzlich in den Fokus.

Jesus ist auch der Erlöser und der König der Juden. Messias bedeutet im Hebräischen der Gesalbte, ebenso wie Christus im Griechischen. Und die Salbung bedeutete wiederum die Königswürde. Jesus ist jedoch kein König im herkömmlichen Sinne. Er ist ein König ohne Reich, der die Menschen in ihrem Innersten beeinflusst.

Zunächst muss Jesus aber mit seinen Eltern nach Ägypten fliehen, um dem Kindermord des Herodes zu entrinnen, der keinen König in seinem Reich duldet. Ein Engel warnt Josef, der seine Familie in Sicherheit bringt und erst nach dem Tode Herodes zurückkehrt. Damit ist die Weihnachtsgeschichte immer auch eine Geschichte der Flucht.

> *Volles Gotteshaus zum Weihnachtsfest:* An den Weihnachtstagen besuchen immerhin 52% aller Christen in Deutschland die Kirchen. So viel Gottesdienstbesucher wünschen sich Pfarrer und Pastoren eigentlich das ganze Jahr über.

Wenn es lichtelt im Weihnachtsland

Weihnachten im Erzgebirge

Was könnte heimeliger sein als der Heilige Abend im Weihnachtsland? Dort, wo sich im Flockentaumel handgeschnitzte Pyramiden drehen, verschlungene Täler durch schneebedeckte Wälder hin zu entzückenden Lichterhäusern führen und liebevoll geschnitzte Holzburschen den Weg weisen – da schlummert es wohlig vor sich hin, das Weihnachtswunderland.

Und es kann gar nicht verfehlt werden: Reisende folgen einfach der romantischen Silberstraße. Einer Perlenkette gleich, verbindet sie märchenhaft anmutende Erzgebirgsstädtchen wie Schneeberg, Aue, Scheibenberg, Annaberg-Buchholz. Orte und Menschen, ihre Geschichten und jahrhundertealten Bräuche – all der winterliche Zauber entfaltet gerade zur Lichtelzeit eine magische Wirkung.

Was hier einen Weihnachtsabend so unvergleichlich macht, ist das Gefühl, in längst vergangene Zeiten hineinzulauschen. Dazu gesellt sich das Erleben erzgebirgischer Traditionen – von Generation zu Generation weitergegeben, und tief verwurzelt in der Bergbaugeschichte dieses Landstriches.

Zu den überlieferten Bräuchen gehört die Mettenschicht. Diese letzte unter Tage gefahrene Schicht vor dem Heiligen Abend wird bis heute gefeiert, mit Speckfettbemm und Glühwein. Auch Bergparaden gibt es noch. Und Hutzenabende: Einheimische kommen im warmen Stübele zusammen, lassen das „Raachermannel nabeln", singen Lieder und lauschen alten Erzählungen beim Schnitzen, Klöppeln, Strohflechten. Diese Handwerkskünste entwickelten einst findige Erzgebirger, als der Erzabbau nicht mehr zum Broterwerb ausreichte. Dass ihre Volkskunst einmal weit über die Landesgrenzen hinaus bekannt werden sollte, ahnte damals wohl kaum einer.

Ein anderer erzgebirgischer Brauch ist das Weihnachtsessen „Neinerlaa". In jeder Familie unterschiedlich zelebriert, besteht es aus neun verschiedenen Speisen, wobei jede hat eine Bedeutung hat: So verspricht Sauerkraut Gesundheit, Linsen sollen für das nötige „Kleingeld" im neuen Jahr sorgen, Semmelmilch mit Nüssen stärkt die Familie, Sellerie steht für Fruchtbarkeit und Kompott zeigt Freude am Leben. Brot und Salz befinden sich die ganze Nacht über in einem Tuch eingeschlagen auf dem Tisch – damit der Segen im Haus bleibt.

Eine besonders schöne Tradition sind die leuchtenden Bögen in beinahe jedem Fenster. Schon in alter Zeit wiesen Lichter den Bergmännern nach getaner Arbeit den Weg nach Hause. Keine Zeit sonst im Jahr spiegelt so sehr die Sehnsucht der Menschen nach dem Licht wie die Tage und Wochen vor dem Heiligen Abend.

Die Magie der Schneeflocken

Geschichte der Schneekugel

Einmal kräftig schütteln und der Schnee rieselt sacht hernieder. Die Schneekugel macht's möglich. Seit ihrer Erfindung hat sie Millionen von Menschen Freude gebracht. Viele verbinden Kindheitserinnerungen und manchen Traum mit dem weißen Gestöber im Glas, das von Sammlern weltweit begehrt wird.

Wann die allererste „Kugel mit Schnee" hergestellt wurde, ist nicht so genau bekannt. Vorläuferin soll eine mit Wasser gefüllte Glaskugel gewesen sein, in der Vögel schwammen. Der Alchimist Leonhard Thurneysser ließ sie 1572 anfertigen. Eine der ältesten historisch bekannten Schneekugeln war im Jahre 1878 auf der Pariser Weltausstellung zu sehen.

Ende des 19. Jahrhunderts erfand der Wiener Werkzeugmacher Erwin Perzy die Schneekugel gewissermaßen neu. Er war zumindest der Erste, der sich die „Glaskugel mit Schnee-Effekt" patentieren ließ. Der Tüftler lebte und arbeitete in der Nähe des Schlosses Schönbrunn, wo er 1900, inspiriert durch die Schönheit seiner Heimatstadt, sein erstes Modell – die Basilika von Mariazell – in einer 40 Millimeter großen Glaskugel auf schwarzem Gipssockel schuf. Der Schnee war damals noch aus Grieß. In den folgenden Jahren stellte Perzy immer mehr neue Szenen her.

Inzwischen führt der Enkel von Erwin Perzy I. das Geschäft seines Großvaters und das geschichtsträchtige Museum in der Wiener Schumanngasse 87 weiter. Jede Schneekugel in seinem Betrieb wird immer noch handgefertigt und ist deshalb so einmalig wie eine Schneeflocke. Nur der Schnee ist inzwischen aus Kunststoff.

An der Beliebtheit der Schneekugel hat das jedoch zu keiner Zeit etwas geändert. Ob als Souvenirartikel oder Glücksbringer fühlt sich die kleine Winterwelt überall zu Hause und lässt es in jeder Stube schneien.

Im Wiener Schneekugel-Museum können Besucher Sonderanfertigungen bewundern, sich einen Überblick über die Herstellung von Schneekugeln verschaffen, die Werkstatt entdecken und sich von vielen alten und neuen Kugeln verzaubern lassen.

Sie wissen schon: Einmal kräftig schütteln genügt – und schon beginnt die Magie...

24 Fragen an den Weihnachtsmann

Der Experte für das Fest gibt Auskunft

Mein Name rückwärts:

unamsthcanhieW

Da wohne ich:

Nordpol

Das mache ich gern:

Plätzchen in Milch tunken
und Wünsche erfüllen

Mein Lieblingstier:

Rentiere und Schmusekatzen

Das mag ich überhaupt nicht:

Diäten und unartige Kinder

Wenn keiner zuschaut…

…fliege ich Loopings mit
dem Schlitten fliegen

Zuerst einmal, besten Dank, Herr Weihnachtsmann!
Schön, dass Sie so kurz vor dem Fest doch noch Zeit gefunden haben,
uns 24 Fragen zu beantworten.

Ich habe zu danken, denn ich möchte die Gelegenheit auch nutzen, um
den Lesern Wissenswertes über das Weihnachtsfest zu vermitteln – und
vielleicht gelingt es mir sogar, die eine oder andere Halbwahrheit aus dem
Weg zu räumen. Aber lassen Sie uns doch einfach beginnen.

1. Okay, dann fangen wir gleich mit der wichtigsten Frage an:
Warum feiern wir Weihnachten?

Weihnachten feiern die Christen auf der ganzen Welt die Geburt von Jesus
Christus. Man könnte auch sagen, das Weihnachtsfest ist eine der ältesten
und größten Geburtstagsfeiern der Welt!

2. Das heißt, Jesus ist am 24. Dezember geboren?

Nein, ganz so einfach ist es nicht: Das genaue Geburtsdatum von Jesus Christus ist nicht bekannt. In sehr alten Aufzeichnungen findet man sogar den 20. Mai als den Tag von Jesus' Geburt…

3. Und warum feiern wir dann Weihnachten im Winter?

Na, das mit dem Datum ist eben so eine Sache: Viele orthodoxe Kirchen feiern beispielsweise Weihnachten auch heutzutage noch am 6. Januar. Im Jahr 354 unserer Zeitrechnung legte Furius Dyonisus Filocalus den 25. Dezember offiziell als Datum des Weihnachtstages fest, also in der Nähe der Wintersonnenwende. Für Christen weltweit symbolisiert Jesus die „wahre Sonne", das Licht der Welt. Übrigens feierten schon die alten Germanen die zwölf heiligen Nächte der Sonnenwende. „Ze wihen nahten" nannten sie das. Na, klingelt's? Richtig! Daraus ist dann später das Wort Weihnachten entstanden.

4. Nun gut, aber eine kleine Unstimmigkeit bleibt doch: Warum gibt es die Bescherung am 24. und nicht am 25. Dezember?

Vor großen Kirchenfesten ist es üblich Nachtwachen – so genannte Vigilen – abzuhalten. Daraus ist der Heiligabend geworden, und deshalb wird in vielen Ländern bereits am 24. Dezember gefeiert.

5. Jetzt kommen wir zu Ihrem Kollegen, dem Nikolaus …

Ach, mein Freund Nikolaus, was würde ich nur ohne ihn tun! Keiner weiß genau, ob sein Vorbild der Bischof von Myra oder der aus Bari gewesen ist. Er selber auch nicht, aber das ist ihm egal. Er freut sich, dass er als Schutzpatron aller Seeleute gilt, weil er im Sturm ein paarmal Schiffer sicher zum Hafen lotste. Auch soll er mal einen Kapitän dazu veranlasst haben, ein mit Korn beladenes Schiff in den Hafen von Myra zu steuern und dort das Getreide an die hungernde Bevölkerung zu verteilen. Der Clou an der Sache: Die Schiffsladung wurde nicht weniger. *(Der Weihnachtsmann zwinkert!)* Außerdem hat er Unschuldige vom Galgen gerettet und zudem noch einem Vater dreier Töchter die Mitgift geschenkt, damit die jungen Damen heiraten konnten… Ein guter Mann.

> *Ein Brief an den Weihnachtsmann kann adressiert werden an:*
> *Weihnachtsmann,*
> *Joulupukin Pääposti,*
> *FI-96930 Napapiiri*

6. *Aber wieso hat er dann immer so finstere Gesellen dabei?*

Nikolas hat dieses „Guter Bulle-Böser Bulle"-Spiel schon gespielt, als es noch gar keinen Fernseher gab. Er ist für die guten Kinder zuständig und die unartigen überlässt er eben einem Knecht Ruprecht, Hans Muff, Krampus, Pelzprecht, Zwarte Piet oder wie seine Partner genannt werden.

7. *Die Adventszeit gilt vielen Menschen als schönste Zeit im Jahr. Was bedeutet Advent genau?*

Mit dem ersten Adventssonntag, der stets zwischen den 27. November und 3. Dezember fällt, beginnt das neue Kirchenjahr. Advent galt früher nicht nur als dunkelste, sondern auch als stillste Zeit des Jahres. Heutzutage schätzt man ja wieder die Stille, das ist gut so.

8. *Und woher kommt der Adventskranz?*

Der ist eine Erfindung von Johann Hinrich Wichern, der vor über 150 Jahren in der Hamburger Gegend Pfarrer war. Heute würde man sagen, dass er in der Kinder- und Jugendarbeit engagiert war. Mit einfachen Mitteln schaffte er, eine weihnachtliche Stimmung für benachteiligte junge Menschen zu schaffen: Auf einem Holzrad befestigte er vier große und 20 kleine Kerzen und seine Schützlinge durften jeden Tag eine anzünden. Im Lauf der Jahre wurde das Rad mit Tannengrün aufgepeppt und die Anzahl der Kerzen auf vier reduziert.

9. *Das ist ja fast wie beim Adventskalender!?*

Den gibt es aber erst seit Beginn des 20. Jahrhunderts! Der Adventskalender entstand aus der protestantischen Tradition, 24 Bilder bis zum Fest an die Wand zu hängen.

10. *Und die Weihnachtskarten? Warum schreiben wir die?*

Karten mit weihnachtlich-religiösen Motiven – und vor allem mit meinem Portrait – werden seit dem 19. Jahrhundert geschrieben und verschickt. Heute machen das viele mit diesen neumodischen Telefonen oder mit dem Computer... Ich sag' nur: Hauptsache, man denkt an andere und wünscht „Fröhliche Weihnachten"!

11. *Kommen wir zu den in heutiger Zeit wichtigen Geschenken: Warum gibt es zu Weihnachten Geschenke?*

Nun, weil Schenken Freude macht! Geschenke sind ein Zeichen der Liebe – und im christlichen Sinne bedeutet das Gottes- und Nächstenliebe. Zudem wurden schon bei den Römern zum Ende des Jahres Beamte und Sklaven für ihre Treue belohnt, die alten Germanen zahlten Mägden und Knechten den Lohn für das ganze Jahr aus.

12. *Und seit wann gibt es den Weihnachtsbaum, unter den Sie die Geschenke legen?*

Die Geschenke unter den Baum *legen*, das mache ich erst seit über einem Jahrhundert. Im Biedermeier war ich noch so fit, dass ich die Päckchen ganz oben an den Baum hängen konnte. Aber nun zum Baum: Es war im Jahre 1419, da stellte die Freiburger Bäckergilde erstmals einen festlich mit Nüssen und Früchten geschmückten Baum auf. Es war ein Riesenspaß, als der Baum nach Neujahr abgeschüttelt wurde!

> *Ein ganzer Wald ist nicht genug!:*
> *Alljährlich werden mehr als 300 Millionen Weihnachtsbäume verkauft. Statistisch gesehen entspricht das 7,5 Bäume pro Haushalt. Richtig, so viele Bäume passen in kein Wohnzimmer, denn die in Kauf- und Krankenhäusern, für öffentliche Plätze, an Firmensitzen sowie Kirchen etc. sind mitgezählt.*

13. *„Oh Tannenbaum, oh Tannenbaum" – muss es immer eine Tanne sein?*

Die Nordmanntanne hat sich durchgesetzt, weil ihre Nadeln nicht so piken. Fichte geht aber auch und selbst Buchsbaum, Eibe, Wacholder und sogar Stechpalmen schauen dekoriert hübsch aus.

14. *Apropos Baumschmuck – was hat es damit auf sich?*

Nun, ich als alter Mann habe da schon alle Moden miterlebt und kann Ihnen sagen: Jeder Baumschmuck symbolisiert Fruchtbarkeit und Licht. Seien es nun Nüsse, Tannenzapfen, Lametta und Äpfel oder wie bei den Skandinaviern die Ziegenböcke aus Stroh – sie alle stehen für das Ende des Winters und für neues Leben.

15. *...und die Christbaumkugeln?*

Äpfel waren im Winter rar und Mitte des 19. Jahrhunderts hatten im thüringischen Lauscha Glasbläser die Idee, Äpfel aus Glas herzustellen. So entstanden rote Weihnachtskugeln.

Danach ging man auch beim Weihnachtsschmuck mit der Mode und bis Ende der 1930er Jahre entstanden in dieser einen Glasbläserei schon mehr als 5000 verschiedene Modelle an Christbaumschmuck.

16. *Und der Weihnachtsstern auf der Baumspitze?*
Der symbolisiert den Stern von Bethlehem!

17. *Was hat es mit der Weihnachtskrippe auf sich?*
Sie stellt Jesus' Geburt im Stall von Bethlehem dar. Die Krippe war lange Zeit in Europa Herzstück des Weihnachtsfestes. Ich persönlich wünsche mir, dass auch diese Tradition wieder auflebt.

18. *Jetzt kommen wir zu den kulinarischen Fragen:*
Woher kommen beispielsweise die Lebkuchen?
Mit den Kreuzfahrern im Mittelalter kamen Gewürze wie Koriander, Zimt, Muskat, Kardamom aus dem Morgenland nach Deutschland – sie machen das Gebäck länger haltbar. Womöglich sind honigsüße Fladenbrote aus dem Orient Vorbild der Lebkuchen. Im Mittelalter wurden Lebkuchen als Fastenspeise verzehrt. Übrigens, dunkles Bier schmeckt gut dazu.

19. *Warum ist der Stollen so dick mit Puderzucker bestäubt?*
Bäckermeister und Hausfrauen würden sagen, damit der Stollen länger saftig bleibt. Das mag der Fall sein, aber früher wurden die Babys straff in weiße Tücher gewickelt – so dass der Stollen auch an das neugeborene Jesuskind erinnern soll.

20. *Warum wird so viel Wert auf den Weihnachtsschmaus gelegt?*
Früher gaben Speisekammer, Keller und Stall im Winter nicht viel her. Man musste zusehen, wie man über die Wintermonate kommt.
Da aber die Wintersonnenwende mit der Weihnachtszeit zusammenfällt, gönnte man sich Weihnachten etwas mehr. Denn das Frühjahr nahte und somit war das Schlimmste überstanden. Zudem ist das Weihnachtsessen eng an das jüdische Passahfest und an das christliche Abendmahl – den Höhepunkt jeder Messe – angelehnt.

21. In welcher Tradition steht das gemeinsame Weihnachtsessen mit der ganzen Familie?

Familie hieß früher Großfamilie – also Eltern, Kinder, Oma, Opa plus Verwandtschaft und meist noch Magd und Knecht unter einem Dach. Da wurde gemeinsam gegessen und gefeiert. Heute ist das ja anders: Da wohnen Familien über ganz Deutschland, manche sogar in der ganzen Welt, verstreut. Für die ist das Weihnachtsessen was ganz Besonderes, weil sie sich dann alle an einem Ort treffen.

22. Was hat der Weihnachtsmann mit Coca Cola zu tun?

Es war mitten in der großen Weltwirtschaftskrise, da war auch ich knapp bei Kasse, hatte schlaflose Nächte, weil ich nicht wusste, wie ich die Geschenke für fast die ganze Welt bezahlen konnte... Da fragte der Brause-Hersteller Coca Cola an. Und nach langem Hin und Her willigte ich ein, bei der Werbung zur Weihnachtszeit zu unterstützen. Neudeutsch würde man sagen: Der Deal war für beide Seiten eine Win-Win-Situation. *(Der Weihnachtsmann zwinkert und streicht sich den Bauch.)*

23. Weihnachten ist auch in Kino und Fernsehen sehr präsent. Welches ist Ihr Lieblingsweihnachtsfilm?

(Der Weihnachtsmann überlegt und überlegt und überlegt...) Nun, bei so einer schwierigen Frage möchte ich gleich drei Filme nennen: Natürlich darf „Drei Haselnüsse für Aschenbrödel" nicht fehlen, ebenso wenig wie „Ist das Leben nicht schön" mit einem grandiosen James Stewart und dem Engel Clarence. Und unter den neueren Filmen mag ich Tim Burtons Animationsfilm „Nightmare before Christmas".

24. Nun zur letzten Frage: Wie feiert eigentlich der Weihnachtsmann Weihnachten?

Na, das ist doch ganz einfach: Erst bringe ich die Geschenke, esse bei den Leuten reichlich und gut und alles durcheinander und dann schaue ich mir abends noch einen Film an... *Ho ho ho!*

Na dann: „Frohes Fest!"

> **Wer bringt denn nun die Geschenke?:**
> Wer an wen als Geschenkebringer glaubt, ist stark von der Konfession abhängig: im protestantisch geprägten Norden und Nordosten ist der Weihnachtsmann, im eher katholischen Süden Deutschlands das Christkind zuständig. Deshalb ist für 45% der Deutschen der Weihnachtsmann für die Geschenke zuständig – und bei 39% bringt das Christkind die Gaben.

Andere Länder, andere Sitten

Weihnachtsbräuche aus aller Welt

Gerade in der westlichen Welt sind Traditionen wieder angesagt. Sie bilden einen Ruhepol in einer Welt, die sich immer schneller zu drehen scheint. So freuen wir uns jedes Jahr im Winter auf eine besinnliche Adventszeit und ein friedliches Weihnachtsfest mit der ganzen Familie.

Selbstgebackenes und Gebasteltes stehen wieder hoch im Kurs: Solche Weihnachtsplätzchen munden meist besser als die gekauften Kekse, gebastelte Strohsterne laufen gekauftem Baumschmuck den Rang ab und selbstgestrickte Strümpfe oder Topflappen sind sowieso die originelleren Geschenke. Und was für eine Freude, den Weihnachtsbaum am Heiligen Abend zu schmücken, den Festtagsbraten nach alter Familientradition zuzubereiten und zusammenzusein. So ist es nicht nur in Deutschland, sondern auf der ganzen Welt!

Weihnachten ist weltweit bekannt und wird in fast allen Ländern der Erde gefeiert. Aber wie heißt es so schön? „Andere Länder, andere Sitten!" Und so feiern viele Länder Weihnachten nach eigenen Bräuchen und Traditionen.

Manche davon haben sogar Einzug bei uns gehalten und im Laufe der Zeit unsere Art und Weise der Weihnachtsfeierlichkeiten ein Stück weit verändert.

Asien

Pazifischer Ozean

Indischer Ozean

Australien

Österreich: Stille Nacht mit wilden Gesellen

Heiligabend ist es überall in der Alpenrepublik ab den frühen Abendstunden zu hören: „Stille Nacht, heilige Nacht" – das klassische Weihnachtslied schallt von Haus zu Haus aus jeder guten Stube hinaus. Unter einer stattlichen, hübsch geschmückten Tanne liegen Geschenke, und deftige Speisen wie Gänsebraten und Knödel werden aufgetischt.

Doch in den Tagen zuvor, vom 6. bis zum 22. Dezember, geht es weniger besinnlich zu: Da treiben die Perchten ihr Unwesen, ziehen Peitschen schwingend und unter ohrenbetäubendem Lärm der Glocken durch die Straßen. Die finsteren Gesellen in ihren zotteligen Fellen und garstigen Masken jagen den Menschen einen gehörigen Schreck ein und die Mädchen rennen kreischend vor ihnen davon. In früherer Zeit versuchte man mit diesem heidnischen Brauch, den Winter zu vertreiben. Heutzutage sind die Perchten eine Mordsgaudi und beliebte Touristenattraktion.

Frankreich: Joyeux Noël – Fröhliches Fest

Weihnachten ist bei unseren französischen Nachbarn ein ausgelassenes Fest mit ähnlichen Traditionen wie bei uns. Pünktlich zur Adventszeit werden in den Städten die Straßen mit Lichterketten und die Auslagen in den Geschäften weihnachtlich dekoriert.

Die Weihnachtskrippe ist überall präsent. Sie schmückt Kirchen wie öffentliche Plätze und Institutionen. Eine der größten Krippen weltweit findet man in der Hauptstadt Paris: Sie wird jedes Jahr in einem Riesenzelt aufgebaut und ist neben den anderen Sehenswürdigkeiten der französischen Hauptstadt ein echter Touristenmagnet.

Traditionell: Gute Küche, guter Wein
Frankreich ist vor allem als Land der Feinschmecker und Genießer, des guten Weins und der guten Küche bekannt. Das gilt auch Weihnachten!

Im Mittelpunkt des französischen Weihnachtsfestes steht das große Menü, das in der Nacht vom 24. auf den 25. Dezember regelrecht zelebriert wird. Die „Revellion" – eine festliche Menüzusammenstellung – liefert das Drehbuch für das traditionelle Weihnachtsmenü, das aus Truthahn, allerlei Pasteten, Austern, winterlichen Maronen besteht, von erlesenen Wein begleitet wird und prickelnden Champagner als krönenden Abschluss hat. „Dinde aux marons", ein mit Maronen gefüllter und garnierter Truthahn, ist für die Franzosen der klassische Festbraten. Meist kommt auch „Foie gras" auf den festlich gedeckten Tisch – auch wenn sich selbst in Frankreich immer mehr Konsumenten aus Tierschutzgründen gegen die klassische Delikatesse Gänsestopfleber aussprechen. Als Dessert und kalorienreicher Abschluss des Menüs wird eine Schokoladenbiskuitrolle, die „Buches des Noël", serviert.

Anschließend besucht die ganze Familie die Weihnachtsmesse zur Mitternacht: die „Messe di Minuit". Zeit genug für den französischen Weihnachtsmann „Père Noël", den Kindern in die bereitgestellten Schuhe Geschenke zu legen. Früher übernahm diese Aufgabe „Saint Nicolas", der aber in der heutigen Zeit schon am 6. Dezember genug zu tun hat.

Niederlande: Sinterklaas & der Zwarte Piet

Auftakt und zugleich ein Höhepunkt der Weihnachtszeit ist in den Niederlanden der Besuch von Sinterklaas und seinem Begleiter Zwarte Piet. Die Beiden sind mehr als lediglich die niederländische Variante von Nikolaus und Knecht Ruprecht, denn wie es sich für eine Seefahrernation wie die Niederländer gehört, fungiert der „Heilige Nikolaus" auch als Schutzpatron der Seefahrer.

Am letzten Wochenende im November steuern Sinterklaas und der Zwarte Piet mit einem prächtigen Schiff die Häfen der Niederlande an, und selbst die königliche Familie wartet geduldig am Pier, um Sinterklaas und seinen Gefährten zu begrüßen!

In Anlehnung an sein Vorbild, den Bischof von Bari, ist Sinterklaas mit rotem Bischofsmantel, der reich verzierten Bischofsmütze mitsamt Stab sowie weißen Handschuhen ausgestattet. Der Zwarte Piet erinnert in seiner bunten Kleidung an einen dunkelhäutigen Diener, wie sie in der Kolonialzeit der Niederlande bei Hofe und in reichen Handelsfamilien anzutreffen waren.

Nach der Landung im Hafen reitet Sinterklaas umjubelt von der Menschenmenge und begleitet von Glockengeläut auf einem weißen Schimmel an Land.

Sinterklaas: Freund der Kinder

Schon tags zuvor stellen die Kinder ihre geputzten Schuhe heraus, in die sie ihre Wunschzettel gelegt haben. Daneben wird Wasser, Heu und manchmal eine Mohrrübe gelegt, denn schließlich braucht Sinterklaas' Pferd Stärkung für den langen Weg zu allen Kindern. Dann heißt es, warten! Denn erst am 5. beziehungsweise 6. Dezember wird das Sinterklaas-Fest gefeiert: Geschenke werden ausgetauscht, Gedichte aufgesagt. Verse und Reime sind humorvoll, beziehen sich auf die Familienmitglieder und sind allesamt mit Sinterklaas gezeichnet, dem man so die Urheberschaft kleiner und größerer Sticheleien untereinander zuschreibt.

Der 25. Dezember als Weihnachtstag wird ebenfalls gefeiert. Doch im Gegensatz zum Sinterklaas-Fest steht die religiöse Weihnachtsbotschaft an diesem Tag im Vordergrund. Es gibt keine Geschenke und die Familie besucht gemeinsam die Messe.

Italien: Babbo Natale & Panettone

Auch in Italien werden im Advent die Straßen festlich geschmückt, die Schaufenster weihnachtlich dekoriert. In den Kirchen und in den Häusern werden mit großer Sorgfalt die Krippen aufgestellt, die Nachbarn wetteifern um die schönste „Prespio". Sie ist das Herzstück der Weihnachtsdekoration und den Italienern wichtiger als der Weihnachtsbaum.

Die Italiener feiern gleich viermal Weihnachten! Das erste Mal am 6. Dezember, dem Tag des San Nicola. Der Namenstag des Heiligen wird vergleichbar mit unserem Nikolaustag gefeiert. Es gibt kleine Geschenke und Süßigkeiten sowie Obst und Nüsse für die Kinder.

Am 13. Dezember wird Santa Lucia gefeiert. Ein Fest, an dem traditionell die Armen beschenkt werden. Auch heutzutage werden an Santa Lucia Senioren- und Kinderheime besucht, gemeinsam Lieder gesungen und kleine Geschenke verteilt.

Der 24. Dezember ist ein ganz gewöhnlicher Tag, an dem Geschäfte, Restaurants und Museen ihre üblichen Öffnungszeiten haben. Am 1. Weihnachtsfeiertag ist dann alles geschlossen. Am frühen Morgen ist die Bescherung für die Kinder und die ganze Familie geht in die Kirche. Das anschließende Weihnachtsessen zieht sich vom Mittag bis in die Abendstunden. Die obligatorische Pasta darf ebenso wenig fehlen wie das traditionelle Weihnachtsgebäck: die Panettone – ein Kuchen aus Hefeteig, den es mit und ohne kandierte Früchte gibt.

Auch heute noch ist besonders in Süditalien der Brauch zu finden, dass die Kinder erst am 6. Januar beschert werden. Und zwar nicht, wie man meinen könnte, von den Heiligen Drei Königen, sondern von der Hexe Befana, die nachts durch den Schornstein saust und für artige Kinder Geschenke in Schuhe und Strümpfe hineinsteckt. Die nicht so artigen Kinder finden hingegen ein Stück Kohle im Schuh.

Spanien: Langes Warten auf Geschenke

Für das katholisch geprägte Spanien sind die Weihnachtsfeiertage wichtige religiöse Feste, an denen die gesamte Familie in die Kirche geht. Es gibt ein leckeres Festtagsessen, aber traditionell keine Geschenke!

Damit das Warten nicht allzu lang ist, wird am Abend des 24. Dezember, der „Noche Buena", wie der Heiligabend auf Spanisch heißt, im Kreis der Familie die „Urne des Schicksals" hervorgeholt. Neben Gewinnen in Form von kleinen Geschenken befinden sich auch jede Menge Nieten darin. Doch keiner geht leer aus, denn es wird so lange gespielt, bis jeder ein Geschenk hat. Aus diesem Brauch ist übrigens die spanische Weihnachtslotterie entstanden, die es offiziell seit 1812 gibt.

Das eigentliche Weihnachtsfest begehen die Spanier erst am 6. Januar – und die Geschenke auf dem Gabentisch bringen die Heiligen Drei Könige. Weil die Weisen aus dem Morgenland auf ihren Kamelen von Stadt zu Stadt zu den Kindern reiten, stellen die Kinder einen Tag zuvor schon Wasser und Brot für die Tiere vor die Tür. In vielen Gegenden Spaniens finden am 5. Januar prächtig kostümierte Paraden mit Musikbegleitung statt, um die Ankunft der Heiligen Drei Könige zu feiern.

Katalanischer Brauch: Süßigkeiten aus dem Holzklotz

In Katalonien gibt es zudem noch einen ganz besonderen Brauch. Die Kinder suchen einen Holzklotz oder einen nicht allzu großen Baumstamm. Der bekommt ein Gesicht aufgemalt, Arme und Beine gebastelt, eine Mütze aufgesetzt und sogar noch eine Decke gegen die Kälte übergeworfen.
Dieser „Tió de Nadal" wird die Vorweihnachtszeit über gehegt und bekommt am Heiligabend sogar noch ein Lied gesungen. Doch dann wird er mit Stöckchen geschlagen, damit seine Verdauung angeregt wird und er die Gaben aus seinem Innern hergibt. Wenn die Decke weggezogen wird, liegen beim Holzklotz viele Süßigkeiten und Geschenke.

Griechenland: Die Nächte der Kobolde

Die Weihnachtszeit beginnt in Griechenland am 24. Dezember und endet am 1. Januar des neuen Jahres. Das liegt daran, dass die religiösen Feste der griechisch-orthodoxen Christen nach dem julianischen Kalender gefeiert werden.

Am 24. Dezember ziehen die Kinder laut lärmend mit Trommeln und Glocken durch Städte und Dörfer. Sie singen die Kalanda – eine Art Lobgesang, der Glück bringen soll. Als Belohnung erhalten sie kleine Geschenke.

In der Nacht des 24. Dezember und in den darauffolgenden elf Nächten wird ein Weihnachtsfeuer entzündet, das die „Kalkanzari" fernhalten soll. Der Legende nach verlassen die bösen Kobolde nämlich zur Weihnachtszeit die Unterwelt und versuchen, Unheil über die Menschen und das Jesuskind zu bringen. In der zwölften, der Heiligen Nacht, kommt deshalb das beste Stück Holz in den Ofen: es soll das Jesuskind wärmen.

Auch der Weihnachtsbaum steht in Griechenland im Zusammenhang mit den Kalkanzari: Er symbolisiert den „Baum, der die Erde stützt", den die Kobolde das ganze Jahr über zu fällen versucht hatten. Vergeblich, denn das Jesuskind als Erlöser der Welt, wurde zuvor geboren.

Die Bescherung findet in der Nacht vom 31. Dezember auf den 1. Januar statt: Der Heilige Vassilius legt die Geschenke vor die Betten der Kinder. Am 1. Januar gibt es traditionell einen Kuchen mit einer Goldmünze darin. Wer die Goldmünze findet, hat das ganze Jahr über Glück.

Die ganze Weihnachtszeit über dürfen in Griechenland besondere Speisen, wie gefüllter Truthahn und die Melomakarona – eine traditionelle Nachspeisenzusammenstellung aus Kuchen mit Mandeln, Grieß und sehr, sehr viel süßem Gebäck – auf keinem Tisch fehlen. Höhepunkt des Weihnachtsfestes ist das Dreikönigsfest, die „Epihania".

England: Mehr als Plumpudding

In der Weihnachtszeit schmücken die Engländer ihre Häuser aufwendig: Alle Räume werden mit Misteln, Stechpalmen und bunten Girlanden dekoriert. Das Weihnachtskartenschreiben hat seit jeher in England große Tradition. Die Karten werden dann auf dem Kaminsims stolz aufgereiht.

Heiligabend treffen sich Familie und Verwandtschaft zum Weihnachtsmahl. Der Plumpudding kommt ebenso wie „Gregor", das britische Truthahngericht, auf den Tisch. Die Kinder hängen ihre Strümpfe am Kamin auf und müssen bis zum Morgen des ersten Weihnachtsfeiertags auf die Bescherung warten, denn erst in der Nacht kommt Santa Claus durch den Schornstein in die Häuser und füllt die Strümpfe mit Geschenken.

Die Weihnachtszeit endet am 6. Januar, dem Dreikönigstag. In England klingelt dann „Mari Lwyd", eine weißvermummte, geisterhafte Gestalt, an den Haustüren und stellt Rätsel. Wer die Antwort nicht weiß, wird vom Spukgeist gebissen und muss die höchst seltsame Dame verköstigen.

Skandinavien: Nach dem Julfest in die Sauna

Hoch oben im Norden Europas ist es im Winter auch tagsüber so dunkel wie in der Nacht. Deshalb sind die Weihnachtsbräuche eng verwandt mit alten Ernte- und Winterbräuchen aus heidnischer Zeit sowie den Mythen und Fabelwesen der jeweiligen Region. Es gibt Wichtel und Elfen, es gibt das typische Julbrot mit Safran und anderen Gewürzen. Mancherorts wird sogar noch kräftig dunkles Julbier gebraut.

Mit dem Fest der Heiligen Lucia am 13. Dezember wird in Skandinavien die längste Nacht des Winters gefeiert und damit die sehnsüchtig erwartete zunehmende Helligkeit in Polarkreisnähe begrüßt. Als Symbol für Licht und Wärme lodern in der Weihnachtszeit bis zum 6. Januar in vielen Öfen Skandinaviens Weihnachtsfeuer.

In ganz Skandinavien heißt Weihnachten Julfest. Von Land zu Land gibt es kleine Unterschiede und Besonderheiten in der Gestaltung der Jul-Feierlichkeiten:

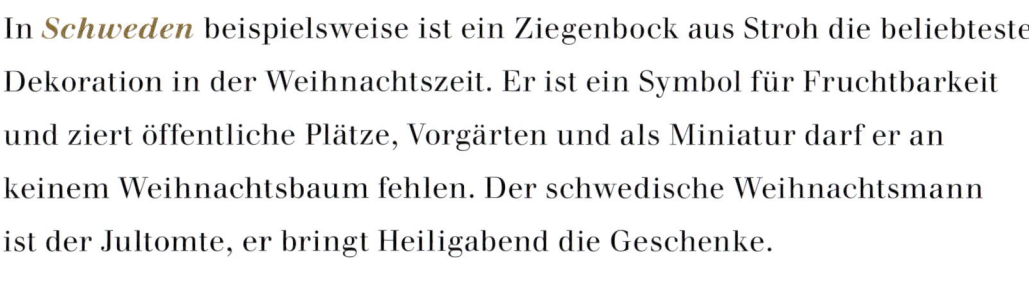

In *Schweden* beispielsweise ist ein Ziegenbock aus Stroh die beliebteste Dekoration in der Weihnachtszeit. Er ist ein Symbol für Fruchtbarkeit und ziert öffentliche Plätze, Vorgärten und als Miniatur darf er an keinem Weihnachtsbaum fehlen. Der schwedische Weihnachtsmann ist der Jultomte, er bringt Heiligabend die Geschenke.

In *Island* wird der Weihnachtsmann sogar von 13 Weihnachtszwergen unterstützt! Der erste Zwerg kommt am 12. Dezember, am 13. folgt der zweite und so geht es in einem fort, bis am 24. Dezember alle zusammen sind, um mit den Familien das traditionelle Jolaar, das Weihnachtsschaf, zu verspeisen. Weil es den Zwergen so gut bei den Menschen gefällt, dauert es bis zum Dreikönigstag bis alle wieder verschwunden sind.

In *Norwegen* werden die Kinder von den Julenissen beschenkt, die man sich als Mischung aus Weihnachtsmann und Nikolaus vorstellen muss. Für die Nissen wird in der Weihnachtszeit stets eine Schüssel mit Brei hingestellt, damit sie auch im nächsten Jahr wiederkommen und reichlich Geschenke mitbringen.

In allen skandinavischen Ländern wird Heiligabend eine Art Brei aus Reis oder Grieß aufgetischt, in dem eine ganze Mandel versteckt ist: Wer die Mandel in seiner Portion Risalamande findet, bekommt ein Extra-Geschenk und wird im kommenden Jahr viel Glück haben.

In *Finnland* isst man „Gebackener Schwede", einen deftigen Schweinebraten. Und danach? Geht es ab in die Sauna!

Typisch skandinavisch, aber auch bei uns nicht mehr wegzudenken, ist das Wichteln beziehungsweise der Jul-Club: Im Freundeskreis und unter Kollegen werden kleine Geschenke ausgelost und anonym ausgetauscht.

Polen & Tschechien: Fastenzeit

In Polen und Tschechien wird in der Vorweihnachtszeit gefastet. Die Menschen befürchteten in früheren Zeiten, dass die Vorräte in Scheunen und Kellern nicht bis zum Frühjahr reichen könnten, weshalb im Advent sparsam bis zur Wintersonnenwende gewirtschaftet wurde. Heutzutage ist in Polen und Tschechien meist nur noch der 24. Dezember Fastentag, jedoch nur bis in die Abendstunden. Denn sobald sich der erste Stern am Himmel zeigt, versammelt sich die ganze Großfamilie an der festlich gedeckten Tafel.

In *Polen* ist es Brauch, als Zeichen der Gastfreundschaft ein zusätzliches Gedeck auf den Tisch zu stellen. Nach dem Essen dürfen die Kinder ihre Geschenke auspacken und es folgt der Besuch der Weihnachtsmesse.

In *Tschechien* wird eifrig die Zukunft befragt: Neben dem Bleigießen werden beispielsweise Äpfel kreuzweise eingeschnitten. Wenn ein Stern im Kerngehäuse entsteht bedeutet dies, dass es ein gutes Jahr wird. Erscheint jedoch ein Kreuz, dann ist mit dem Schlimmsten zu rechnen. Und junge Frauen werfen ihre Schuhe über die Schulter – zeigt die Schuhspitze zur Tür, dann läuten bald die Hochzeitsglocken.

Ungarn: Der Luca-Stuhl

Ein ganz besonderer Weihnachtsbrauch wird in Ungarn gepflegt: Am Namenstag der Heiligen Lucia wird aus sieben verschiedenen Holzarten ein Stuhl gebaut, der pünktlich zu Heiligabend fertiggestellt sein muss. Bei der Christmette in der Kirche klettert man auf den Stuhl und hält nach Hexen Ausschau. Erblickt man eine Hexe, schnappt man seinen Stuhl und rennt so schnell wie möglich nach Hause. Auf der Flucht werden Mohnsamen verstreut, wodurch man seinen Vorsprung ausbauen kann. Zu Hause muss der Stuhl verbrannt werden, damit man bis zum nächsten Weihnachtsfest vor Hexen verschont bleibt.

Russland: Väterchen Frost & Wodka

Die russisch-orthodoxe Kirche feiert die Feste des Kirchenjahrs nach dem Julianischen Kalender. Demnach fällt die Weihnachtszeit auf den 7. Januar und endet mit dem russisch-orthodoxen Neujahrsfest am 11. Januar. Die Bescherung mit Weihnachtsgeschenken findet in Russland dann statt, wenn bei uns Silvester gefeiert und auf das Neue Jahr angestoßen wird: Väterchen Frost ist mit einem großen Sack am Abend des 31. Dezember bis zum Morgen des 1. Januar unterwegs.

Väterchen Frost (auf Russisch: Ded Moroz) trägt einen langen roten Pelzmantel mit einem flauschigen weißen Kragen, nutzt als Wanderstab einen robusten Eiszapfen und kommt mit der Pferdekutsche direkt vom Nordpol angereist. Begleitet wird er von seiner Enkeltochter Snegurotschka, die so zart und liebreizend wie eine Schneeflocke ist. In neuerer Zeit gesellt sich oft auch noch ein Junge namens Neujahr hinzu.

In russischen Familien wird an Weihnachten ausgiebig geschlemmt: Verschiedene Fleischsorten wie Gans, Hammel, Schwein werden in riesigen Pfannen geschmort, dazu werden Kartoffelgerichte und Grütze gereicht sowie Kuchen und Plätzchen. Gegen die Kälte hilft heißer Tee aus dem Samowar, für eine gute Verdauung sorgt eiskalter Wodka.

Afrika und Asien: ...feiern fröhlich mit

Auch hier gibt es christliche Gemeinden, für die das Weihnachtsfest den Höhepunkt des Jahres darstellt – mit einem Festmahl, Tanz und Gesang. Doch auch viele Menschen nicht-christlichen Glaubens mögen das Weihnachtsfest, wie beispielsweise die Japaner: Sie lieben die kitschig-üppige Weihnachtsdeko und ausgedehnte Shoppingtouren vor Weihnachten – obwohl ihnen die eigentliche Bedeutung des Weihnachtsfestes unbekannt ist. Und sowieso freuen sich alle Kinder auf der Welt, wenn sie Geschenke bekommen und Zeit mit der ganzen Familie verbringen können.

USA: Santa Claus & Rudi mit der roten Nase

Als klassisches Einwandererland ist Amerika nicht nur „meltingpot of nations" (Schmelztiegel der Nationen), sondern auch der Traditionen und Bräuche.

Die Bedeutung von Heiligabend als Christmas Eve – als Vorabend von Weihnachten – wird wörtlich genommen: die Weihnachtsfeierlichkeiten starten erst am 25. Dezember, dem Christmas Day. Am Morgen ist für die Kinder Bescherung, denn in der Nacht sauste Santa Claus mit seinem Schlitten, gezogen vom rotnasigen Leitrentier Rudi, über die Dächer der Häuser, stieg über die Schornsteine in die Wohnungen und verteilte Geschenke in Strümpfe und Stiefel.

Als Festessen gibt es Truthahn und allerlei Süßigkeiten. Richtig, der Truthahn steht auch an Thanksgiving auf dem Speiseplan! Aber selbst den Hang zur üppigen, manchmal beinahe schrillen Weihnachtsdeko und den vielen blinkenden Lichterketten um Häuser und Weihnachtsbäume haben mittlerweile auch Amerikaner anderer Religionen angenommen.

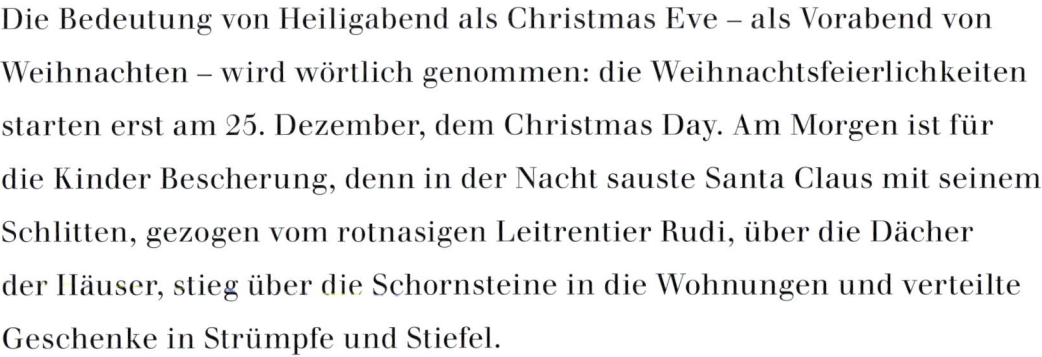

Ein besonders prächtiger Weihnachtsbaum steht seit dem Jahre 1931 in jeder Weihnachtssaison vor dem Rockefeller Center in New York: 30 000 Lichter und eine ausgefallene Baumdekoration begeistern die New Yorker und ihre Gäste.

Übrigens: Die Amerikaner schreiben Christmas meist als X-mas. Was auf den ersten Blick eine saloppe und modische Abkürzung zu sein scheint, aber einen tieferen Hintergrund hat: Das X ist im griechischen Alphabet der Anfangsbuchstabe für Christus.

Mittel- und Südamerika: Feliz navidad!

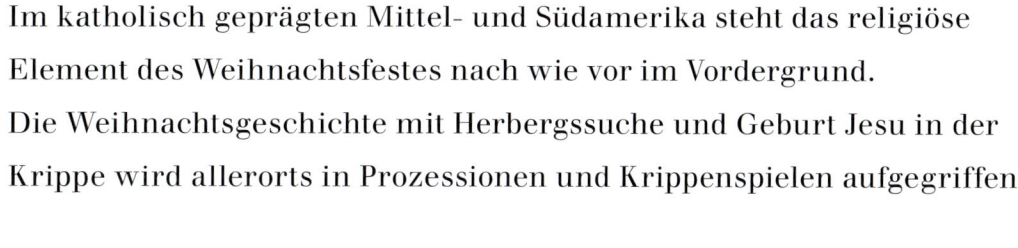

Im katholisch geprägten Mittel- und Südamerika steht das religiöse Element des Weihnachtsfestes nach wie vor im Vordergrund. Die Weihnachtsgeschichte mit Herbergssuche und Geburt Jesu in der Krippe wird allerorts in Prozessionen und Krippenspielen aufgegriffen.

Doch die lärmenden, „Posadas" genannten Umzüge, die farbenprächtigen Kostüme und Dekorationen sowie die wichtigsten Bräuche deuten auf den Einfluss der indigenen Kultur hin.

In *Mexiko* ist die „Pinata" für Kinder das Wichtigste am Fest: Mit verbundenen Augen versuchen sie, das bunt verzierte, an der Zimmerdecke aufgehängte Tongefäß zu zerschlagen, um an die Süßigkeiten und kleinen Geschenke im Innern zu gelangen.

In *Kolumbien* bringt El Nino, das Christkind, die Geschenke, in *Chile* und *Brasilien* hat der Weihnachtsmann mit Viejo Pasquero (übersetzt: der alte Hirte) und dem portugiesisch-geprägten Papai Noel lokale und durchaus würdige Vertreter gefunden.

Australien/Neuseeland: Unter Palmen

Australien gehört zum britischen Commonwealth und feiert folglich das Weihnachtsfest auf die europäische Art. Mit einem Unterschied: Auf der Südhalbkugel ist im Dezember Hochsommer, weshalb es nach der Bescherung als Festmahl meist ein Barbecue gibt – oder die ganze Familie gleich zum Strand aufbricht.

Seit 1938 singen die Menschen in Australiens Hauptstadt Melbourne am Heiligabend bei Kerzenschein Weihnachtslieder. Das als „Carols by Candlelight" bekannte Weihnachtssingen ist liebgewonnene Tradition und hat auch in anderen Städten Down Under Anklang gefunden.

Lütten Wihnacht

So wird es auch für die Tiere im Winterwald ein Fest

Ein Weihnachtsfest für die Tiere des Waldes? Das ist die „Lütten Wihnacht" – ein pommerscher Brauch, den Hans Fallada einst in einer neblig-schaurig-schönen Geschichte erzählte. Extra für die Tiere wird ein Baum mit Äpfeln, Möhren, Sellerie, Kohlrabi geschmückt und lädt ein zum Schmaus. Auch an sie soll am Fest der Liebe gedacht werden. Eine schöne Idee.

Geschenke für Rehkitz, Wildschwein und Co. sind jedoch prinzipiell eher problematisch. Denn im Wald gilt ein generelles Futterverbot. Meistens darben die Tiere des Waldes auch nicht. Gerade am Anfang des Winters, finden sie ohne Schwierigkeiten Futter. Das Dam-, Rot- und Schwarzwild sucht sich Grünes, knabbert an Blättern, Knospen, Rinden, Gräsern und Kräutern, die auch unter der Schneedecke wachsen.

Die Wildschweine buddeln nach Würmern, Eicheln, Bucheckern und nach dem Mais, der auf den Feldern untergepflügt wurde. Füchse und Wölfe finden Tiere, die auf der Strecke geblieben sind. Die Dachse, Igel und Eichhörnchen dagegen halten Winterschlaf oder Winterruhe.

Die Vögel, die in Deutschland geblieben und nicht in den warmen Süden geflogen sind, freuen sich natürlich, wenn man an sie denkt. Aber auch sie können sich an Knospen, Insekten unter Baumrinden und Zapfen bedienen.

Brenzlig wird es in der Regel erst im Januar oder Februar, wenn lange Zeit Schnee liegt, der so stark verharscht, dass sich die Tiere ihre Läufe blutig schlagen. Dann wird die Notzeit ausgerufen, Heu ausgebracht, auch Eicheln und Kastanien.

Wer den Tieren des Waldes in der Weihnachtszeit etwas Gutes tun möchte, kann statt reicher Gaben aber angepasstes Verhalten mitbringen. Beim Waldspaziergang ist es beispielsweise besser, auf den Wegen zu bleiben, als „querbeet" zu gehen. Grundsätzlich ist es zwar erlaubt, abseits der Wege durch den Wald zu wandern. Das schreckt die Tiere jedoch auf.

Aus diesem Grunde sollten Hunde lieber an der Leine geführt werden. Wichtig ist auch, besonders aufmerksam Auto zu fahren. Im Winter kommen die Tiere viel öfter an die Randstreifen, wo das Streusalz den Schnee weggetaut hat und das Futter leichter zu finden ist. Wer am Rande von Dörfern oder Städten wohnt, kann etwas für die Tiere stehen lassen. Denn im Winter kommt das Wild gern in die Gärten und nascht.

Ein alter Kohlstrunk, ein Beet mit Gemüseresten – das ist für die Tiere des Waldes wahrlich ein Fest.

Und wer weiß, vielleicht wird dann eine andere Weihnachtsgeschichte Wirklichkeit. Denn einer alten Sage nach können die Tiere am Heiligen Abend sprechen. Schon im sechsten Jahrhundert war man von der Wahrheit dieser Legende überzeugt.

Schließlich besuchten die Tiere schon das Jesuskind bei seiner Geburt in Bethlehem, sprachen mit ihm und überreichten ihm Geschenke. Angeblich bringen sie seither die Botschaft des Friedens in die Welt. Doch nur die Menschen, die offen dafür sind, können sie hören.

Vom Schenken

Joachim Ringelnatz (1883-1934)

Schenke groß oder klein,
Aber immer gediegen,
Wenn die Bedachten
Die Gabe wiegen,
Sei dein Gewissen rein.

Schenke herzlich und frei.
Schenke dabei,
Was in dir wohnt
An Meinung, Geschmack und Humor,
So daß die eigene Freude zuvor
Dich reichlich belohnt.

Schenke mit Geist ohne List.
Sei eingedenk,
Daß dein Geschenk
Du selber bist.

„*So viel Heimlichkeit*"

Bastel- und Spielideen

Die Adventszeit weckt nicht nur die Geister
der vergangenen Weihnacht, auch Kreativität und
Sehnsucht nach Gemeinsamkeit werden scheinbar mit
jedem genaschten Plätzchen gesteigert. Ob gebastelte
Geschenke, individuelle Verpackungsideen oder
Spiele für die Familientage unter dem Weihnachtsbaum,
dieses Kapitel lässt keine Wünsche offen.
Aber psst… Geschenke immer schön heimlich basteln!

Geschenke schön verpackt

Das wird gebraucht:

Schwarzes Geschenkpapier
aus Kraftpapier
oder braunes Packpapier
Geschenkband (nach Wahl)
1 weißer Filzstift
1 Klebestreifen
1 Schere
Etwas Tannengrün

Und so wird's gemacht:

1. Zunächst werden alle Geschenke mit dem Kraft- oder Packpapier eingeschlagen.
2. Anschließend kann man seiner kreativen Ader freien Lauf lassen und sich einen weihnachtlichen Schriftzug oder ein individuelles Muster ausdenken.
3. Mit Hilfe des Geschenkbandes und des Filzstiftes entstehen so echte Unikate.
4. Zum Schluss verleiht ein wenig Tannengrün unter dem Band dem Ganzen den nötigen Hauch Weihnachten.

**Do it yourself –
Selbstgemachtes ist als
Geschenk „in":**
12% der Frauen
wünschen sich von
ihren Partnern etwas
aus der DIY-Sparte.
Aber noch nicht mal
10% der Herren
schenken ihnen auch
etwas Selbstgemachtes.
Also, liebe Herren,
ran an die Werkbank!

Extra-Basteltipp:

Einfach mit einem Bleistift ein paar Übungen auf einem Schmierblatt machen
und den Entwurf dann mit dem weißen Filzstift auf die Pakete übertragen.
Fertig ist das Geschenkpapier mit persönlicher Note.

Individuelle Weihnachtskarten

Das wird gebraucht:

**Handgeschöpftes Papier
(in Postkartengröße)
Wasserfarben (nach Wahl)
1 Pinsel
1 schwarzer Filzstift
Paketband**

merry Christmas and Happy New Year

frohes Fest

Und so wird´s gemacht:

1. Zuerst mit Hilfe des Pinsels die Wasserfarbe auf das Papier auftragen und dieses anschließend gut durchtrocknen lassen.

2. Das Paketband um die Karte binden und mit einer Schleife abschließen.

3. Ganz zum Schluss kann ein schöner Wunschtext auf die Karte geschrieben werden.

Das wird gebraucht:

1 Pappe in Stoffoptik

1 Foto (nach Wahl)

1 Häkelband (selbstklebend)

Weihnachtliche Stempel

1 Schere

1 Klebestift

1 Stempelkissen

(für alle Materialien)

Und so wird´s gemacht:

1. Aus der Pappe die gewünschte Form ausschneiden und das Foto aufkleben.

2. Nun sucht man sich eine geeignete Stelle für das Häkelband aus und klebt es ebenfalls fest.

3. Mit den Stempeln kann man noch einen Weihnachtsgruß aufdrucken.

Anhänger aus Salzteig

Das wird gebraucht:

1 Becher Mehl

½ Becher Salz

½ Becher Wasser

1 Schüssel

Ausstechförmchen (nach Wahl)

1 Strohhalm

dünnes Geschenkband

Mehl für die Arbeitsfläche

1 Teigrolle

Und so wird´s gemacht:

1. Mehl zusammen mit dem Salz und dem Wasser in eine Schüssel geben und mit den Händen gründlich verkneten.

2. Den Teig anschließend auf einer bemehlten Arbeitsfläche dünn ausrollen und mit Hilfe von Ausstechförmchen die gewünschten Formen ausstechen.

3. Mit einem Strohhalm können nun Löcher zum Aufhängen in die Salzteig-Plätzchen gestochen werden.

4. Anschließend kommen die Plätzchen für circa 30 Minuten bei 150 °C (Umluft) in den Backofen. Nach der Backzeit an der Luft gut trocknen lassen, bis alles komplett hart ist.

5. Mit dem Geschenkband lassen sich die Anhänger nun ganz beliebig aufhängen.

Anhänger aus Modelliermasse

Das wird gebraucht:

Modelliermasse
(lufttrocknend)
1 Stempelkissen
(für alle Materialien)
1 Stempel-ABC
1 Strohhalm
Plätzchenausstecher
oder Messer
1 Teigrolle

Und so wird´s gemacht:

1. Modelliermasse dünn ausrollen. Nun kommen die Plätzchenformen oder ein Messer zum Einsatz. Damit werden die gewünschten Formen ausgestochen oder ausgeschnitten.
2. Anschließend können diese noch mit einem Text verziert werden (Stempel-ABC).
3. Nun mit dem Strohhalm ein Loch in die Modelliermasse stechen, damit man später ein Band zum Aufhängen oder Geschenkband hindurchfädeln kann. Und dann heißt es: warten.

Extra-Basteltipp:

Bevor die Anhänger einsatzfähig sind, müssen diese sehr gut durchtrocknen.

Wimpel als Geschenkanhänger

Das wird gebraucht:

Kraftpapier
(min. 100 g starkes Papier)
1 Bleistift
1 schwarzer Filzstift
1 Holzspieß
1 Häkelband (selbstklebend)
1 Schere
1 Klebestift

Und so wird´s gemacht:

1. Die Form des Wimpels wird doppelt und so mit dem Bleistift auf das Kraftpapier übertragen, dass sie in der Mitte gefaltet und übereinandergelegt werden kann.

2. Anschließend steht das Ausschneiden auf dem Programm. Das Kraftpapier nun auf einer Seite mit dem Klebestift einstreichen und den Spieß genau in die Mitte der Form legen. Gut festdrücken und trocknen lassen.

3. Ganz zum Schluss kann der Wimpel noch mit dem Häkelband verziert und mit dem Namen des Beschenkten versehen werden.

Adventskalender

Das wird gebraucht:

24 kleine Beutel mit Zugband
(aus Jute)
1 schwarzer Stoff-Stift
1 Stempel-ABC
Weihnachtliche Motivstempel
(nach Wahl)
1 Stempelkissen
(für alle Materialien)

Und so wird´s gemacht:

1. Mit Hilfe des Stoff-Stiftes werden die Zahlen von 1 bis 24 auf die kleinen Beutel übertragen.

2. Anschließend werden die Beutel je nach Belieben mit Stempeln verziert.

3. Die 24 kleinen Beutel lassen sich nun mit kleinen Geschenken, Süßigkeiten oder auch mit Zettelchen für liebe Worte füllen. Im Handumdrehen entsteht auf diese Weise ein einmaliger Adventskalender.

Teebeutel in Herzform

Das wird gebraucht:

Tee- oder Kaffeefilter

getrockneter Tee (lose)

1 Bleistift

1 Schere

1 Nadel

bunter Garnfaden

Und so wird´s gemacht:

1. Die Basis für diese Geschenkidee ist ein Kaffee- oder Teefilter. Auf diesen wird das Wunschmotiv (zum Beispiel ein Herz) mit einem Bleistift übertragen und anschließend nachgenäht.

   Wichtig: Eine kleine Öffnung aussparen, durch die anschließend der Tee passt.

2. Nun einfach die Form neben der Naht ausschneiden und den Beutel mit losem Tee je nach Geschmacksrichtung befüllen.

3. Ganz zum Schluss die kleine Öffnung mit einer Naht schließen und fertig ist der Teebeutel.

Weihnachtliche Seife

Das wird gebraucht:

1 Kernseife (Reformhaus)

1 Kosmetikduft
(vorzugsweise weihnachtlich)

Pralinenförmchen
oder Eiswürfelförmchen
(mit Weihnachtsmotiven)

1 alte Schüssel

1 Löffel

Und so wird´s gemacht:

1. Die Kernseife zunächst entweder in einem Wasserbad oder in der Mikrowelle erhitzen.

2. Ist die Seife dann flüssig, den Duft Ihrer Wahl unterrühren und die Seifenlauge in die Förmchen füllen.

3. Jetzt heißt es nur noch warten und die Seife gut auskühlen und vor allem fest werden lassen.

4. Ist das geschehen, kann die Seife vorsichtig aus den Förmchen gelöst werden.

Extra-Basteltipp:

Deutlich am einfachsten und schnellsten schmilzt die Kernseife in der Mikrowelle.

Weihnachtsduftkerze

Das wird gebraucht:

1 breite Kerze

mehrere Zimtstangen

Geschenkband

Und so wird´s gemacht:

1. Das Geschenkband lose um die Kerze binden.

2. Nach und nach die Zimtstangen dahinter feststecken.

3. Ganz zum Schluss alles festziehen und gut verknoten.

Wichtig: Die Kerze nie unbeaufsichtigt Angezündet lassen!

Tasse mit Spruch

Das wird gebraucht:

alte Tassen (weiß)
1 Filzstift für Porzellan

Und so wird´s gemacht:

1. Zunächst müsste man sich Gedanken darüber machen, was auf den Tassen stehen soll. Dies wird dann mit dem Porzellan-Filzstift auf die Tassen übertragen.
2. Die Farbe einige Minuten fest werden und anschließend bei 160 °C (Umluft) für etwa 25 Minuten im Ofen einbrennen lassen.

Stoffe selbst bedrucken

Das wird gebraucht:

Stoff-Servietten (aus Leinen)

Tischdecke (aus Leinen)

Kissenbezüge (weiß)

1 Stempel-ABC (nach Wahl)

1 Stempelkissen

(für alle Materialien)

Und so wird's gemacht:

1. Die Stoffe für die Servietten, die Tischdecke oder die Kissenbezüge waschen, gut bügeln und anschließend auf einem Tisch auslegen.
2. Mit Hilfe der Stempel können die Stoffe nun mit lieben Wünschen für das Fest, Liedzeilen oder mit einem anderen Wunschtext sowie schönen Weihnachtsmotiven verziert werden.
3. Vor der Verwendung gut durchtrocknen lassen.

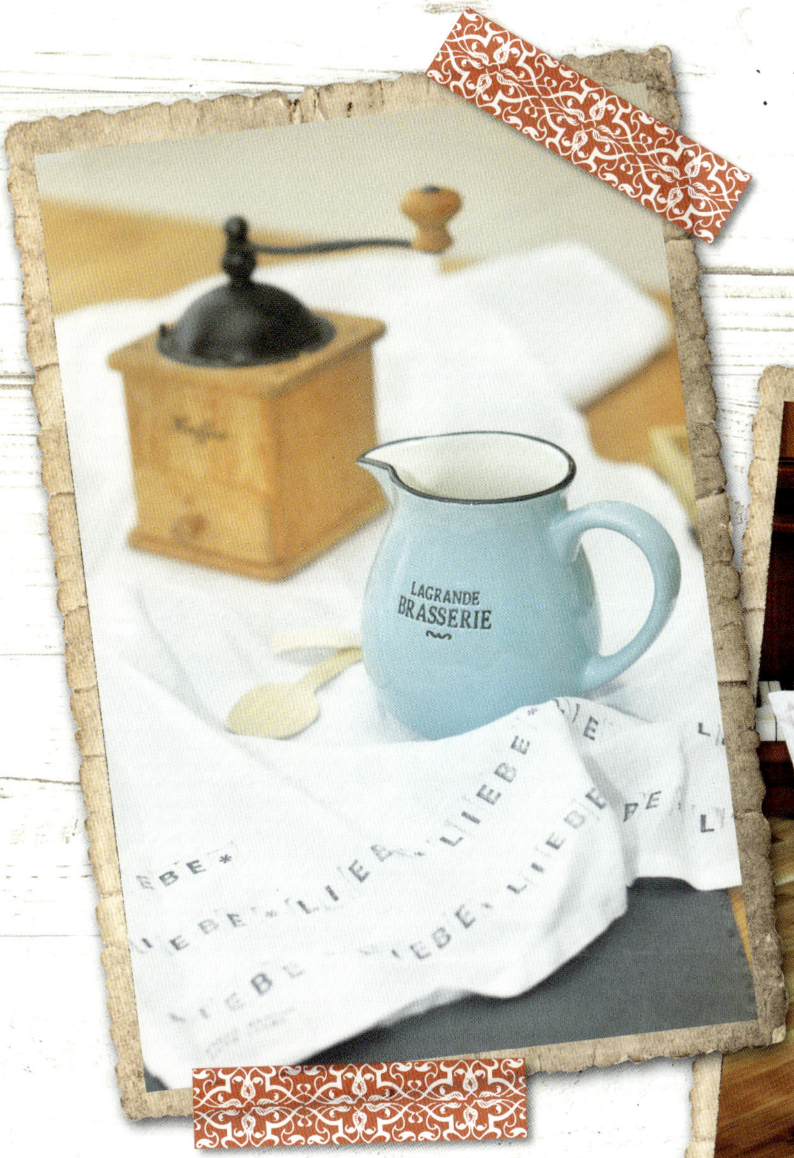

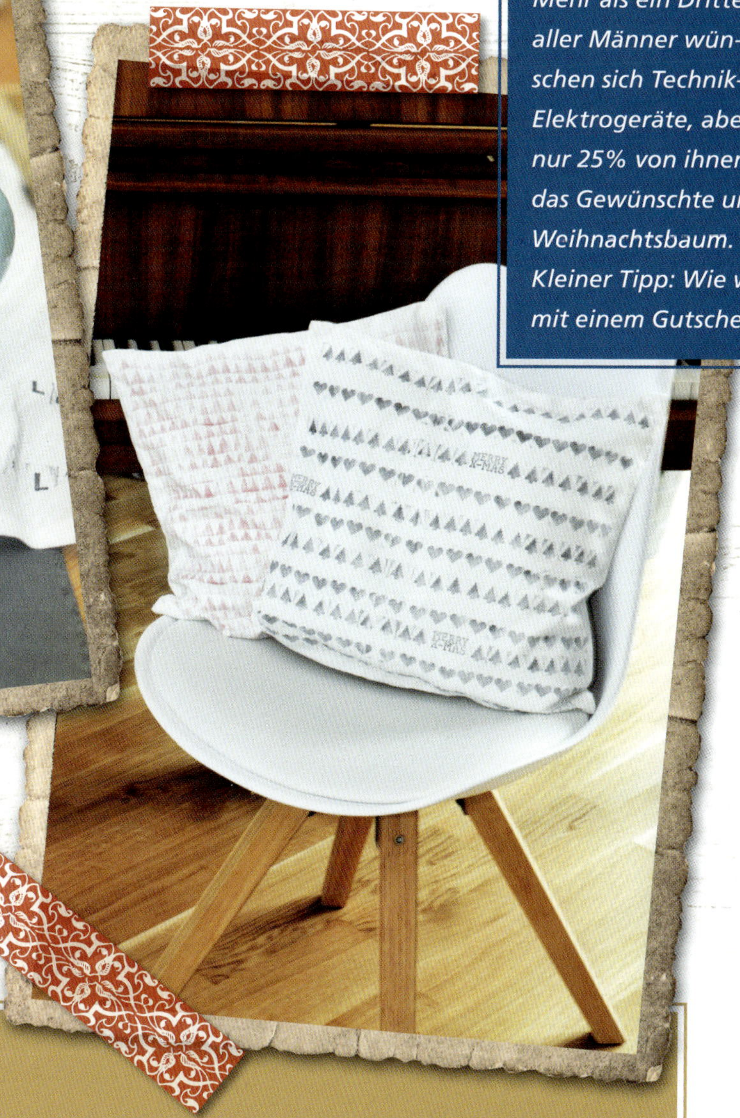

Das richtige Geschenk für den Mann:
Mehr als ein Drittel aller Männer wünschen sich Technik- und Elektrogeräte, aber bei nur 25% von ihnen liegt das Gewünschte unterm Weihnachtsbaum. Kleiner Tipp: Wie wär's mit einem Gutschein?

Extra-Basteltipp:

Eine einfache Drucktechnik ist auch mit dem Kartoffeldruck möglich.

1. Hierfür wird eine Kartoffel in zwei Hälften geteilt.
2. Die zwei Wunschmotive werden in der Mitte mit einem Messer eingeschnitten.
3. Anschließend die selbsterstellten Kartoffel-Stempel mit Farbe bestreichen und auf den Stoff tupfen.
4. Die Farbe auf dem Stoff lässt sich nach dem Trocknen mit dem Bügeleisen (Backpapier dazwischenlegen) fixieren.

Wärmendes Körnerkissen

Das wird gebraucht:

Stoffreste (zwei Motive)

1 Stoffschere

Stecknadeln

weißes Nähgarn

Nähmaschine

Gereinigte Kirschkerne

Und so wird´s gemacht:

1. Zwei gleichgroße Stoffstücke (Quadrate) zurechtschneiden, diese auf links legen und alles gut mit den Nadeln feststecken.

2. Nun wird das Kissen am Rand mit einer dünnen Naht zugenäht. Dabei aber für die Füllung unbedingt eine Öffnung von etwa 10 cm freilassen.

3. Anschließend wird das Kissen auf rechts gedreht und je nach Größe mit Kirschkernen befüllen – etwa zwei bis drei Hände voll.

4. Zum Schluss wird auch die Öffnung zugenäht, zum Beispiel mit einer Ziernaht.

Extra-Basteltipp:

Für das Kissen eignen sich auch andere Formen und Größen. Der Kreativität sind hier keine Grenzen gesetzt. Die Menge der Füllung wird nur dementsprechend angepasst.

Holzbrettchen mit Botschaft

Das wird gebraucht:

1 Brandmal-Set (Lötkolben)

1 Holzbrettchen

Und so wird´s gemacht:

1. Der Lötkolben wird laut der Bedienungsanleitung gebrauchsfähig erhitzt.

2. Nun können schöne Sprüche, kleine Wünsche und weihnachtliche Motive auf das Holzbrettchen übertragen werden. Am einfachsten ist es, wenn kleine Punkte gesetzt werden. Das gelingt immer!

Extra-Basteltipp:

Je hochwertiger der Lötkolben, desto besser gelingt der Umgang damit. Auf einem alten Brettchen kann man die ersten Versuche ausprobieren.

Weihnachten in Familie

Mitspieler: mind. 3

Alter: ab 3 Jahren

Spieldauer: mittel

Das wird gebraucht:
Fantasie, Platz für Bewegung

Und so wird gespielt:

Das Familienmitglied, das die besten Geschichten erzählt, wird zum Spielmacher erklärt. Der Spielmacher denkt sich eine weihnachtliche Geschichte aus und der Rest der Familie stellt die Bewegungen nach. So ließe sich die Geschichte stricken…

1. Der Weihnachtsmann stapft mühsam durch den hohen Schnee.
   (Alle stapfen schwerfällig und in Zeitlupe auf der Stelle.)
2. Er hat seinen Schlitten mit allen Geschenken verloren. Wo hat er ihn nur geparkt? Überall hält er nach ihm Ausschau. (Die Familie mimt einen Blick in die Ferne.)
3. Da, nicht weit von ihm, leuchtet ein kleines rotes Licht. Ist das etwa Rudolphs Nase? Jetzt läuft der Weihnachtsmann mit seinem schweren Sack. (Alle rennen auf der Stelle).
4. Viel Zeit bleibt ihm nicht mehr, um alle Kinder zu bescheren. Und tatsächlich! Es ist sein Schlitten – was für ein Glück. (Jubelnd reißen alle die Arme hoch.)
5. Er hievt den Sack auf sein Gefährt (Alle heben den Sack auf den imaginären Schlitten.), begrüßt seine Rentiere freundlich und schwingt sich auf seinen Sitz…
Die Geschichte lässt sich beliebig erweitern.

Oh Tannenbaum, oh Tannenbaum

Mitspieler: mind. 2

Alter: ab 4 Jahren

Spieldauer: beliebig

Das wird gebraucht:
1 geschmückter Weihnachtsbaum

Und so wird gespielt:

Dieses Spiel ist ein abgewandelter Klassiker: „Ich sehe was, was du nicht siehst" wird zu „Oh, Tannenbaum, oh Tannenbaum", denn die Dinge, die es von den Mitspielern zu beschreiben gilt, sollen ausschließlich am Weihnachtsbaum zu finden sein. Je bunter dieser geschmückt ist, umso besser und spaßiger für alle.

Wer eine Lieblingskugel oder einen anderen Schmuck gefunden hat, beginnt damit, diesen mit nur einer Eigenschaft zu beschreiben, z.B. der Farbe: „Oh, Tannenbaum, oh, Tannenbaum, da hängt was Rotes, so ein Traum." Raten die anderen Mitspieler nicht, um was es sich handelt, werden weitere Eigenschaften ergänzt. Wer den Gegenstand errät, darf als nächstes raten lassen.

Ich glaub', mir winkt ein Elch!

Mitspieler: **mind. 5**

Alter: **ab 3 Jahren**

Spieldauer: **beliebig**

Das wird gebraucht:
keine Materialien

Und so wird gespielt:

„Ich glaub', mir winkt ein Elch" ist ein tierischer Spaß für Groß und Klein. Und das Beste: Es braucht nicht viel! Alle Mitspieler stellen sich in einem Kreis auf und ein Spieler nennt den Namen eines anderen Mitspielers. Der Genannte hält daraufhin seine beiden Hände wie Elchschaufeln an seine Ohren und wackelt mit ihnen.

Außerdem müssen die Mitspieler links und rechts vom Elch ebenfalls blitzschnell mitmachen, allerdings wackelt der rechte nur mit der rechten und der linke Mitspieler nur mit der linken Hand. Konzentration ist angesagt. Dann wird der nächste Name in die Elchrunde geworfen. Nach und nach kann das Spieltempo angezogen werden.

Reise nach Jerusalem

Mitspieler: **mind. 3**

Alter: **ab 4 Jahren**

Spieldauer: **beliebig**

Das wird gebraucht:
Stühle, Musik

Und so wird gespielt:

Dieses Spiel ist ein echter Klassiker und bringt Bewegung in vom Festmahl müde Knochen. Einfach die Familie zusammentrommeln, einen Zeremonienmeister bestimmen, der sich um die Musik kümmert, und dann braucht es noch Stühle für alle Mitspieler – bis auf einen.

Ist das gegeben, erst einmal Lieblingsweihnachtslieder anmachen und um die Sitzplätze tanzen. Drückt der Zeremonienmeister auf Pause, müssen sich alle Tanzenden schnell auf einen Stuhl setzen. Wer es nicht schafft, darf erst einmal nicht weiterspielen. Mit dem Wiedereinsetzen der Musik geht die Weihnachtsparty weiter. So lange, bis auch das letzte Tanzduell beendet und ein Sieger feststeht.

Tipp: Ein großer nicht zu voll gestellter Raum ist ideal für dieses Spiel. Der Weihnachtsbaum sollte in sicherer Entfernung stehen.

Weihnachts-Scharade

Mitspieler: mind. 4

Alter: ab 7 Jahren

Spieldauer: mittel

Das wird gebraucht:
Karton, Schere, Stifte, Uhr

Und so wird gespielt:

Hier werden alle Sinne und vor allem Kreativität gefordert. Als Erstes müssen Spielkarten gebastelt werden. Je mehr Karten, desto länger das Spielvergnügen! Auf die Karten werden weihnachtliche Begriffe geschrieben, z.B. Weihnachtsbaum, Glühwein oder Christkind.

Stehen die Begriffe auf den Karten, alles gut durchmischen und umgedreht auf einen Stapel legen. Nun fehlen nur noch drei Karten: Eine mit einem Stift als Symbol für das Zeichnen, ein Mund, der für das Erklären steht und eine Hand, wenn ein Begriff pantomimisch dargestellt werden soll. Auch diese Karten kommen umgedreht und gemischt auf einen Stapel. Jetzt noch eine Uhr und es kann beginnen.

In zweier Teams wird geraten. Ein Spieler eines Teams zieht verdeckt eine Begriffskarte und dann noch offen eine Tätigkeitskarte. Je nachdem, was diese zeigt, muss der Weihnachtbegriff gezeichnet, mit Worten erklärt oder pantomimisch dargestellt werden. Der Teampartner muss in einer vorher festgelegten Zeit raten, was gesucht wird. Das Team, dass am Ende die meisten Begriffe erraten hat, gewinnt.

Was ist im Sack?

Mitspieler: mind. 2

Alter: ab 3 Jahren

Spieldauer: beliebig

Das wird gebraucht:
1 Sack/1 Tuch, Tastgegenstände

Und so wird gespielt:

Bei diesem Spiel ist Fingerspitzengefühl gefragt! Dafür kann einfach jeder mitmachen, auch die jüngsten Familienmitglieder.

Ein Spielleiter wählt eine beliebige Anzahl kleiner weihnachtlicher Gegenstände aus, die sich gut greifen lassen, z.B. Tannenzapfen, Glocke, Kerze, Orange, oder Plätzchenformen und legt sie in einen Sack oder unter ein großes Tuch.

Die Mitspieler müssen dann einen Gegenstand auswählen und blind ertasten. Liegt man richtig, gibt es einen Punkt. Wer die meisten Punkte hat, gewinnt das Spiel.

Der Weihnachtsbaum

August Heinrich Hoffmann von Fallersleben (1798-1874)

Von allen den Bäumen jung und alt,
Von allen den Bäumen groß und klein,
Von allen in unserm ganzen Wald,
Wer mag doch der allerschönste sein?

Der schönste von allen weit und breit,
Das ist doch allein, wer zweifelt dran?
Der Baum, der da grünet allezeit,
Den heute mir bringt der Weihnachtsmann.

Wenn alles schon schläft in stiller Nacht,
Dann holet er ihn bei Sternenschein
Und schlüpft, eh´ einer sich´s gedacht,
Gar heimlich damit ins Haus hinein.

Dann schmückt er mit Lichtern jeden Zweig,
Hängt Kuchen und Nüss´ und Äpfel dran:
So macht er uns alle freudenreich,
Der liebe, der gute Weihnachtsmann.

„Oh, es riecht gut"

Rezept-Ideen für die Weihnachtsbäckerei

Zimt, Anis, Vanille sind nur einige von vielen
Gewürzen, die uns in Gedanken sofort unter den
Weihnachtsbaum reisen lassen. Das Genießen von
Köstlichkeiten in der Familie, das Probieren ausgesuchter
Leckereien, auch das macht den besonderen Reiz
dieser Tage aus. Noch schöner wird es, wenn man
gemeinsam Bewährtes zubereitet und Neues
ausprobiert. Die Rezepte dieses Kapitels sollten unbedingt
dazugehören, sie sind ein Fest für den Gaumen.

Glühwein im Glas

1.

Alle Zutaten in ein hübsches
Glas füllen und liebevoll als
Geschenk verpacken.

*Glühwein, Punsch & Co.
haben Hochsaison:
In der Adventszeit
steigt der Alkohol-
konsum um satte 36%
...da haben viele
„einen im Tee".*

2.

Eine kleine Anleitung
in Schönschrift kann dem
Geschenk beigefügt werden.

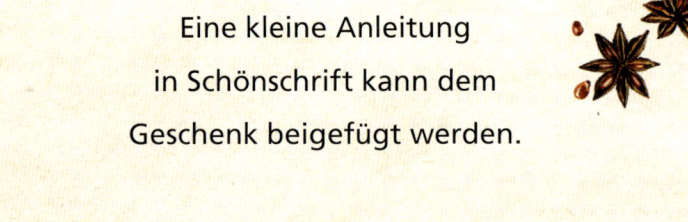

3.

Wein oder Tee (die alkoholfreie
Variante) in den Topf geben.
Die Bio-Orangen in Scheiben
schneiden und mit den restlichen
Zutaten erwärmen.

4.

Alles immer wieder umrühren
und gut durchziehen lassen.

Vanilliger Zimtzucker

Das wird gebraucht:

1 Glas nach Wahl

Zucker

1-2 TL Zimt

1-2 Msp. Bio-Vanille-Pulver

1 Rührschüssel

1 Löffel

1.

Die Portion Zucker in eine Schüssel geben und nach Belieben Zimt und Vanille-Pulver hinzugeben.

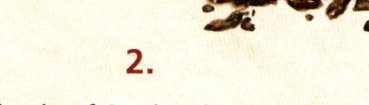

2.

Alles kräftig durchrühren und ins Glas füllen.

Thymian-Salz

Das wird gebraucht:

1 Glas nach Wahl

getrockneter Thymian

Salz

1 Löffel

1.

Je nach Größe des Glases Meersalz und Thymian Schicht für Schicht in das Glas füllen.

Kleine Lebkuchen

Das wird gebraucht:

3 Eier

3 gehäufte EL Honig

100 g Agavendicksaft

2 gestrichene TL Zimt

2 gestrichene TL Koriander

1 Messerspitze
Ingwerpulver

1 TL Natron

100 g gemahlene
Haselnusskerne

400 g Roggenmehl

1 Küchenwaage

1 Rührschüssel

Frischhaltefolie

1 Teigrolle

Mehl für die Arbeitsfläche

Ausstechförmchen

1.

Eier, Honig und
Agavendicksaft gut
miteinander verrühren.

2.

Die trockenen Zutaten
einrühren und alles zu einer
Kugel kneten. Den Teig, in
Frischhaltefolie verpackt,
für ca. 1 Stunde im
Kühlschrank ruhen lassen.

3.

Nach der Ruhezeit den
Teig auf der bemehlten
Arbeitsfläche dünn ausrollen
und mit den Förmchen
ausstechen.

4.

Ofen auf 180 °C
(Ober/Unterhitze) vorheizen
und die Lebkuchenplätzchen
für ca. 10 Minuten backen.

Gebrannte Mandeln

Das wird gebraucht:

200 g süße Mandeln

1 Päckchen Vanillinzucker

1 TL Zimt

6 EL Zucker

3 EL Wasser

1 beschichtete Pfanne

1 Holzlöffel

1.

Zucker, Vanillinzucker, Zimt und Wasser in einer beschichteten Pfanne gut miteinander vermengen und auf niedrigster Stufe erhitzen.

2.

Anschließend die Mandeln hinzugeben und so lange erhitzen, bis der Zucker auf den Mandeln klebt. Dabei immer wieder gut umrühren.

3.

Sehen die gebrannten Mandeln gut aus, die Pfanne sofort vom Herd nehmen. Ansonsten besteht die Gefahr, dass die Mandeln anbrennen.

Nussige Zimtsterne

Das wird gebraucht:

65 g Haselnusskerne
(gemahlen)
35 g Mandelmehl
(fein gemahlen)
1-2 TL Zimt
20 g Voll-Rohrzucker
1 TL Agavendicksaft
1 Eiweiß (Größe M)
etwas Mehl für
die Arbeitsfläche
1 Ausstechform
(Sternenmotiv)
1 Schüssel
1 Mixer mit Knethaken
1 Teigrolle
1 Backblech mit Backpapier

1.

Haselnusskerne,
Mandelmehl, Zimt und
den Voll-Rohrzucker in
eine Schüssel geben und
mehrmals umrühren.

2.

Eiweiß und Agavendicksaft
hinzugeben und alles
miteinander verrühren.

3.

Alles zu einer Kugel kneten
und auf einer bemehlten
Arbeitsfläche ausrollen.
Nach Belieben die Sterne
ausstechen.

4.

Die Plätzchen kommen
anschließend bei 150 °C
(Umluft) für circa 15 Minuten
in den Backofen.

Gewürzküchlein

Das wird gebraucht:

100 g Margarine

50 g Agavendicksaft

2 Eier

1 gestrichener TL
Korianderpulver

1 gestrichener TL Zimt

200 g Weizenmehl

1 gehäufter TL Backpulver

1 Messerspitze Natron

0,2 Liter Milch

100g dunkle
Blockschokolade

1 Küchenwaage

1 Rührschüssel

1 Rührgerät

1 kleiner Topf

1 Schneebesen

1 Teigschaber

1.

Margarine, Agavendicksaft
und Eier in einer Schüssel
schaumig schlagen.

2.

Die trockenen Zutaten
mischen und nach und
nach zu der flüssigen Masse
geben. Damit der Teig nicht
zu fest wird, kommt die
Milch hinzu.

3.

Blockschokolade mit etwas
Wasser in einem Topf
schmelzen lassen und unter
den Teig heben.

4.

Ofen auf 160 °C
(Oberhitze/Unterhitze)
vorheizen. Gläschen ¾ voll
mit dem Teig füllen und
15-25 Minuten im Ofen
backen.

Knackiger Kartoffelsalat

1.

Kartoffeln waschen und im Salzwasser garen. Zwiebel schälen und würfeln. Brühe, Essig, Senf und Zwiebel aufkochen lassen, dann pürieren.

Das wird gebraucht:

1 kg Kartoffeln
(festkochend)

Salz & Pfeffer

1 Zwiebel

300 ml Gemüsebrühe

4 El Apfelessig

2 El mittelscharfer Senf

100 ml Öl

200 g Rauke

600 g süßsaure Äpfel

5 El Zitronensaft

1 Bund Radieschen

Würstchen

Der Klassiker an Heiligabend:
Bei über 25% aller Deutschen kommen an Heiligabend Kartoffelsalat und Würstchen auf den Tisch. Traditionell werden regionale Würstchenspezialitäten dazu verzehrt.

2.

Kartoffeln abgießen, pellen, längs halbieren und in die Brühe geben. Öl zugeben, mischen, salzen und pfeffern. Alles ca. 1 Stunde ziehen lassen, dabei öfter umrühren.

3.

¾ der Rauke klein schneiden. Äpfel schälen, Kerngehäuse ausstechen und Äpfel in 3 mm dicke Ringe hobeln, sofort mit Zitronensaft mischen. Radieschen putzen und in Scheiben hobeln. Alles unter den Kartoffelsalat mischen.

4.

Kräftig würzen und mit restlicher Rauke und mit warmen Würstchen servieren.

Gewürz-Bratapfel

1.

Kerngehäuse der Äpfel
entfernen und die Äpfel in
eine Backform legen.

2.

Zucker, Gewürze, Mandeln
und Rosinen mit der
flüssigen Butter mischen und
die Äpfel damit befüllen.

3.

Im vorgeheizten Ofen
bei 200 °C (Umluft)
ca. 25-30 Minuten backen bis
die Apfelschale leicht platzt.

Das wird gebraucht:

Äpfel (am besten Boskop)
Zucker oder brauner Zucker
(1 TL pro Apfel)
flüssige Butter
(1 EL pro Apfel)
Nelken & Kardamom
(gemahlen,
1 Messerspitze pro Apfel)
Zimt (¼ TL pro Apfel)
gehackte Mandeln
(1 EL pro Apfel)
Rosinen

Weihnachtskarpfen

> **Den Karpfen geht's an den Kragen:**
> *50% aller Karpfen, die deutschlandweit verspeist werden, werden an Weihnachten feierlich verspeist.*

Das wird gebraucht:

1 Karpfen
(küchenfertig, etwa 1,5 kg)
10 kleine Kartoffeln
(ungeschält)
1 EL Öl
1 Prise Salz & Pfeffer
frischer Thymian
3 Lorbeerblätter
1 Bund Suppengrün
Gemüse nach Wahl
150 ml Weisswein, trocken
etwas zerlassene Butter
2 Zitronen
1 Servierteller

1.

Ungeschälte Kartoffeln
in einem Topf mit Salzwasser
20 Minuten garen.

2.

Den Karpfen waschen und
schuppen, mit Zitronensaft
beträufeln, von innen kräftig
salzen und pfeffern.
Die Kartoffeln und Kräuter
in die Bauchhöhle legen.

3.

Das Gemüse putzen und in
dünne Scheiben schneiden.

4.

Den Fisch in den Bräter
geben. Öl, Wein, Kartoffeln
und Gemüse zufügen.
Im Bräter mit Deckel bei
180-200 °C (Umluft) im
vorgeheizten Backofen
für 55-60 Minuten garen.
Ab und zu mit dem restlichen
zerlassenen Fett beträufeln.

5.

Den Fisch auf einen
Servierteller mit Gemüse und
Kartoffeln anrichten.

Knuspriges Hähnchen

Das wird gebraucht:

1 bratfertiges Hähnchen

Salz, Pfeffer, Paprika

2 rote Paprikaschoten

2 Zucchini

500-750 g Kartoffeln

3 mittelgroße Zwiebeln

1 TL Instant-Gemüsebrühe

1-2 Zweige Rosmarin

2 Lorbeerblätter

oder 1 TL getrocknete

Kräuter der Provence

1 Servierteller mit Obst

& Tannenzweigen

1.

Hähnchen waschen und trockentupfen. Von innen und außen mit Salz, Pfeffer und Paprika würzen.

2.

Hähnchen in einen großen Bräter legen. Im vorgeheizten Backofen (E-Herd: 200 °C/Umluft: 175 °C) 60-90 Minuten goldbraun braten.

3.

Paprika, Zucchini und Kartoffeln waschen und putzen. Paprika in Stücke, Zucchini in dicke Scheiben schneiden und Kartoffeln vierteln. Zwiebeln schälen und in Spalten schneiden.

4.

Brühe in ¼ l heißem Wasser auflösen. Rosmarin waschen, Nadeln abstreifen.

5.

Gemüse, Kartoffeln, Zwiebeln, Brühe und Kräuter ca. 40 Minuten vor Ende der Garzeit zum Hähnchen geben und mitgaren, würzen. Öfter wenden.

6.

Das Hähnchen auf einen Servierteller mit Äpfeln, Granatäpfeln, Zitronen und Tannenzweigen anrichten.

Christmas Pudding

1.

Trockenobst, Sultaninen, Korinthen und klein geschnittene Backpflaumen, im Rum einweichen und gut durchziehen lassen.

Das wird gebraucht:

125 g Sultaninen

50 g Korinthen

65 Backpflaumen

50 g Orangeat

50 g Zitronat

2 EL Rum

1 Apfel

45 g Pflanzenfett

60 g Semmelbrösel

50 g Mehl

35 g brauner Zucker

2 Eier

½ Zitrone

50 g Haselnüsse (gerieben)

½ TL Nelke (gemahlen)

½ TL Zimt (gemahlen)

1 Prise Muskat & Pfeffer

2.

Orangeat, Zitronat und die gewürfelten Äpfel hinzufügen.

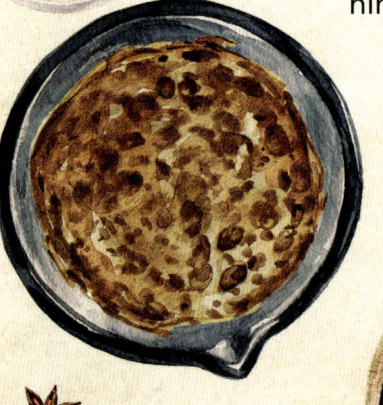

4.

Den Teig in die eingefettete und mit Semmelbröseln bestäubte Puddingform geben. Die gefüllte Form im Wasserbad bei mittlerer Hitze für ca. 3 Stunden köcheln lassen (immer kurz unter dem Siedepunkt).

3.

Die übrigen Zutaten mit den Flocken vom Pflanzenfett unter die Teigmasse mischen.

5.

Für die Sauce die Butter mit Zucker und 2 EL Rum vermengen. Für 15 Minuten in den Kühlschrank stellen und fest werden lassen.

6.

Die Puddingform stürzen, auf einer Servierplatte anrichten und die Sauce am Rand verteilen.

Für die Sauce:

60 g weiche Butter

60 g Zucker

2 EL Rum

3 EL Rum

(zum Flambieren)

Festtagsspeck:
Wer über die Feiertage 370 g an Gewicht zulegt, der liegt im statistischen Durchschnitt. Manchen schmeckt's so gut, dass sie mehr Hüftgold ins Neue Jahr schleppen …

7.

Rum im Topf erwärmen, über den Christmas Pudding gießen und vorsichtig anzünden. Wenn der Alkohol verbrannt ist, kann der Christmas Pudding verzehrt werden.

Heiße Schokolade für Zwei

1.

Die Milch in einem Topf ehitzen, Kakaopulver und alle Gewürze hinzufügen.

2.

Mit der Schokolade kurz aufkochen, dabei mit einem Schneebesen umrühren. Die Herdplatte ausschalten und die Milch für 10 Minuten abgedeckt ziehen lassen.

3.

Alles nochmal kurz aufkochen und durch ein Sieb in die Tassen gießen. Zum Schluss mit Schlagsahne und Marshmallows garnieren.

Das wird gebraucht:

400 ml Milch

70 g dunkle Schokolade

2 El Kakaopulver

Minimarshmallows

1 Zimtstange

2 Sternanis

1 Tl Orangenschale

Nelken & Kardamom

Sprüh-Schlagsahne

1 Milchtopf

1 Schneebesen

1 Sieb

Das Familienrezept

Damit das gut gehütete, traditionelle Lieblings-Weihnachtsrezept der Familie nie wieder verlorengeht und in der Adventszeit sofort griffbereit ist, können hier Zutaten und Zubereitung festgehalten werden.

Dieses Buch kann dann von Generation zu Generation weitergegeben werden.

Das wird gebraucht:

Weihnachtslied

Theodor Storm (1817-1888)

Vom Himmel in die tiefsten Klüfte
Ein milder Stern herniederlacht.
Vom Tannenwalde steigen Düfte
Und hauchen durch die Winterlüfte,
Und kerzenhelle wird die Nacht.

Mir ist das Herz so froh erschrocken,
Das ist die liebe Weihnachtszeit!
Ich höre fernher Kirchenglocken
Mich lieblich heimatlich verlocken
In märchenstille Herrlichkeit.

Ein frommer Zauber hält mich wieder,
Anbetend, staunend muß ich stehn;
Es sinkt auf meine Augenlider
Ein goldner Kindertraum hernieder,
Ich fühl's, ein Wunder ist gescheh'n.

„*Lasst uns froh und munter sein*"

Unsere Weihnachtserinnerungen

Die folgenden Seiten bieten Platz für persönliche
Anekdoten, Momente und Bilder von den feierlichen
Tagen unter dem Baum. Dieses Kapitel macht
den Weihnachts-Schmöker für die ganze Familie
zu einem Festtagsalbum, das jedes Jahr aufs Neue
durch eine ganz besondere Zeit im Jahr begleitet.
Frohe Weihnachten!

Oma & Opa, erzählt mal...

Wie war das Weihnachtsfest im Jahr _____ ?

Erzähler/in dieser Geschichte: _____

Der Weihnachtsspaziergang

Alle Jacken an! Es geht an die frische Luft

Wenn es in der guten Stube langsam zu warm wird, alle ein wenig zu satt und zufrieden sind, dann ist es Zeit für den Weihnachtsspaziergang. Ob mit Schnee oder ohne, ob durch den Wald oder die Stadt, das Flanieren bringt Schwung und gute Laune. Wohin geht's?

Die Route:

Der schönste Moment des Weihnachtsspaziergangs:

_____

_____

_____

_____

Der 5-Jahreskalender

Weihnachten in Familie _____

	20__	20__
Unser Weihnachtsfest im Jahr:		
Beschreibe das Weihnachtsfest in 3 Worten:		
Wo wurde das Weihnachtsfest gefeiert?		
Wer hat mitgefeiert?		
Was kam am Heiligen Abend auf den Tisch?		
Das Lieblingsgeschenk des jüngsten Familienmitglieds:		
Das Lieblingsgeschenk des ältesten Familienmitglieds:		
Das schönste Plätzchen: (Foto einkleben)		
Unser Weihnachtsbaum war…	◯ eine Witzfigur ◯ ein Prachtexemplar	◯ eine Witzfigur ◯ ein Prachtexemplar
Wer durfte den Weihnachtsbaum schmücken?		

Alle Jahre wieder? Von wegen! Jedes Fest ist anders, man muss nur genau hinschauen und die richtigen Fragen stellen. In diesem 5-Jahreskalender lassen sich die Erinnerungen und Besonderheiten der jeweiligen Feiertage dokumentieren.

20__	20__	20__
◯ eine Witzfigur ◯ ein Prachtexemplar	◯ eine Witzfigur ◯ ein Prachtexemplar	◯ eine Witzfigur ◯ ein Prachtexemplar

Weihnachten in Familie

Das Festtagsalbum

Das Leben in einer Familie ist immer aufregend und immer anders – auch an den besinnlichen Tagen. Auf diesen Seiten ist Platz, um die Veränderungen in Bildern festzuhalten. Also: Einmal alle unterm Weihnachtsbaum in Pose bringen. Und bitte recht freundlich!

Klebe hier ein Foto ein.

20__

Klebe hier ein Foto ein.

20___

Klebe hier ein Foto ein.

20___

Klebe hier ein Foto ein.

20___

Klebe hier ein Foto ein.

20___

Seite der Rekorde

Höher, schneller und viel, viel weiter

Wer ist der Weihnachtsmeister im Schoko-Weihnachtsmann-Essen?

Spieler 1: _____

Spieler 2: _____

Spieler 3: _____

Wer ist der beste Schneehase und gewinnt die Schneeballschlacht?

	Spieler 1: _____	**Spieler 2:** _____	**Spieler 3:** _____
Schneebälle:	❄		
Treffer:	_____	_____	_____
Blindgänger:	_____	_____	_____

Wer baut am schnellsten den größten und schönsten Schneemann?

	Spieler 1: _____	**Spieler 2:** _____	**Spieler 3:** _____
Größe:	_____	_____	_____
Zeit:	_____	_____	_____
Schönheit:	★		

Ganz schön eingestrickt

Male ein tolles Strickmuster auf den Pullover, die Mütze und die Handschuhe!

Das letzte gestrickte Geschenk kam nicht so gut an? Es hält zwar warm, aber das Muster lässt zu wünschen übrig? Dann ran an die Stifte! Hier können der Wunsch-Pulli, die Lieblings-Pudelmütze oder die Ideal-Handschuhe ganz leicht auf Papier entworfen werden. Danach die Skizze einfach dem Strickmeister in der Familie zuschieben und eingefädelt ist das Traumgeschenk!

Weihnachtsgrußkarten

Weihnachten ist nicht nur die Zeit der Geschenke, sondern auch der Karten.

Auf den folgenden Vorlagen kann das Motiv vom Absender selbst gestaltet werden.

Viel Freude beim Ausmalen und Verschicken!

Bastelbogen einfach rausschneiden

Weihnachtspost

„*Wunderwahre Weihnachten*"
Ein Familienbuch für die schönste Zeit des Jahres
Artikel-Nr.: 85820, Hardcover, 160 Seiten, Preis: 19,95 €
www.mecklenbook.de

Weihnachtspost

„*Wunderwahre Weihnachten*"
Ein Familienbuch für die schönste Zeit des Jahres
Artikel-Nr.: 85820, Hardcover, 160 Seiten, Preis: 19,95 €
www.mecklenbook.de

Weihnachtspost

„Wunderwahre Weihnachten"
Ein Familienbuch für die schönste Zeit des Jahres
Artikel-Nr.: 85820, Hardcover, 160 Seiten, Preis: 19,95 €
www.mecklenbook.de

Weihnachtspost

„Wunderwahre Weihnachten"
Ein Familienbuch für die schönste Zeit des Jahres
Artikel-Nr.: 85820, Hardcover, 160 Seiten, Preis: 19,95 €
www.mecklenbook.de

Der Wunschzettel

von _____

Einfach dieses Buch zusammen mit dem Wunschzettel in der Nacht vor Heiligabend
unter das Kopfkissen legen – wer weiß, vielleicht geht der Weihnachtswunsch in Erfüllung.
Und wenn nicht, dann hilft es, ganz fest davon zu träumen.

Auch bei mecklenbook erschienen

111 Lieblingsrezepte: Teil 1
regional, vielfach erprobt, einfach lecker

Die meisten Menschen haben ein ganz persönliches Lieblingsrezept – oder auch zwei oder sogar mehr. In diesem Kochbuch gibt es gleich 111 solcher Köstlichkeiten. Es sind Lieblingsrezepte von Lesern unserer Zeitung. Darunter gibt es Suppen ebenso wie Braten, Fischgerichte und Aufläufe, aber auch Desserts, Kuchen und Plätzchen.

Artikel-Nr.: 85632, Flexcover, 122 Seiten, 14,90 €

111 Lieblingsrezepte: Teil 2
Unser Backbuch

Sie sind sahnig und cremig, fruchtig und frisch, fluffig und süß, vor allem aber sind sie sehr, sehr lecker – die Kuchen, Torten und Plätzchen in dieser Schatzsammlung. Das Geheimnis daran: Sie sind mit viel Liebe gebacken. Bei mancher Familienfeier erwiesen sie sich schon als der Renner, und auch Sie werden damit sicher Lorbeeren ernten.

Artikel-Nr.: 85780, Flexcover, 122 Seiten, Preis: 14,90 €

Do it yourself
Im Handumdrehen selbst gemacht

Sparen Sie sich lange Einkäufe. Greifen Sie hierzu lieber beherzt in die Bastelkiste! Denn schon in kürzester Zeit und ohne viel Schnickschnack und Tamtam lassen sich im Nu Unikate erschaffen.

Dieses Buch enthält mehr als 50 Näh-, Back- und Bastelanleitungen, die sogar mit zwei linken Händen zu bewältigen sind.

Artikel-Nr.: 85762, Flexcover, 144 Seiten, Preis: 16,90 €

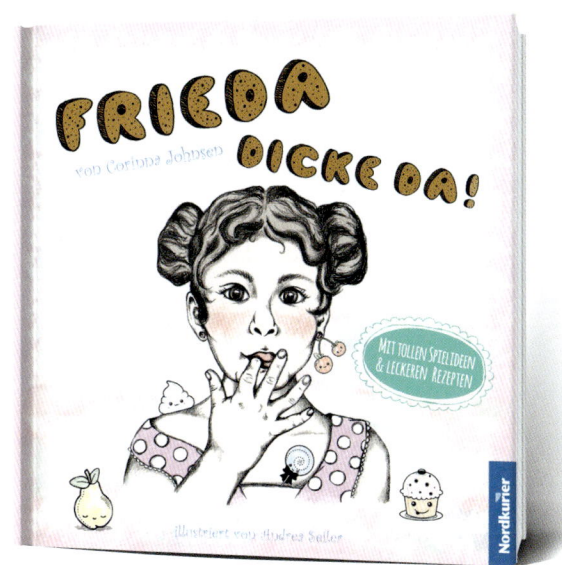

Frieda dicke da!

Ein Mutmacher-Buch für Kids

Frieda ist eine kleine Naschkatze. Besonders als sie zu ihren Großeltern in die Sommerferien fährt, genießt sie jeden Augenblick und manchen Teller Fruchtsuppe mit Mehlklößchen. Dabei merkt sie kaum, dass der Badeanzug schon gar nicht mehr passt.

Als sie wieder nach Hause kommt, ist guter Rat teuer. Die Mitschüler hänseln sie. Zum Glück gibt es eine beste Freundin, die zu ihr steht, und bald hat Frieda ihr kleines Problemchen im Griff.

Artikel-Nr.: 85785, Flexcover, 144 Seiten, Preis: 16,90 €

Redensarten: Teil 1

Da wird ja der Hund in der Pfanne verrückt!

Hat jeder, der ins Fettnäpfchen getreten ist, Dreck am Stecken? Oder ist er nur auf den Hund gekommen? Es gibt Tausende von Redensarten, doch welche Bedeutung haben sie wirklich?

Dieses Buch zeigt, wie der Hase läuft.

Artikel-Nr.: 85731, Softcover, 144 Seiten, Preis: 9,90 €

Redensarten: Teil 2

Klappe, die Zweite…
Jetzt geht's um die Wurst

… denn es gibt noch mehr Redensarten, denen im neuen Buch kräftig auf den Zahn gefühlt wird. Auch auf die Gefahr hin, dass man damit jemandem auf den Schlips treten könnte. Hier gibt es Butter bei die Fische, und es soll keiner sagen, dass ihm etwas spanisch vorkommt.

Am Ende ist jeder seines Glückes Schmied.

Artikel-Nr.: 85783, Softcover, 144 Seiten, Preis: 9,90 €

BILDNACHWEIS

IMPRESSUM

Herausgeber: Nordkurier Mediengruppe GmbH & Co.KG

Redaktion: Gerlinde Bauszus, Anne Breitsprecher, Stefanie Lanin, Vera Odilia Klein, Heike Storch

Konzeption/Design: Kreativagentur 1punkt7, www.1punkt7.de

Gestaltung: Andrea Seiler

Druck: Drusala, www.drusala.cz/de

1. Auflage, 2017